THE CHANGE MANAGEMENT TOOLKIT

변화관리 실행지침

진단 · 설계 · 실행

Colin Carnall

● 김정원 서재현 권종욱 공역

THOMSON™

한 경 사

This edition first published in 2006 jointly by
Thomson Corporation Korea Limited and Hankyungsa.

Printed in Korea
1 2 3 4 09 08 07 06

For more information contact Thomson Corporation Korea Limited
Suite 1801 Seokyo Tower Building 353-1, 22 Seokyo-Dong Mapo-Gu Seoul 121-837 Korea
or find us on the Internet at
http://www.thomsonlearningasia.com

For permission to use material from this text or product, contact us by
- telephone: (82) 2 322 4926
- fax: (82) 2 322 4927
- tlsg.korea@thomson.com

Original ISBN 1-86152-961-9
When ordering this edition, please use ISBN 89-89269-76-8

The Change Management Toolkit
1st Edition

Colin Carnall Henley Management College

| 역자 서문 |

미국의 사회학자 다니엘 벨은 "이 세상의 모든 것은 변화한다. 변화하지 않는 것이 있다면 그것은 '이 세상에 변화하지 않는 것은 없다'라는 말뿐이다"라고 주장하였다. 특히 변화는 경영환경에 직접적인 영향을 미친다.

따라서 경영자는 이러한 변화에 효과적으로 적응하고 더 나아가 변화의 주도자가 되기 위한 준비를 해야 하는 반면, 조직은 항상 변화의 흐름을 주목하고 그에 맞는 관리방식을 창출해야 한다. 미래는 적절히 변화하는 자의 것이기 때문이다. 변화하는 자는 현재에 안주하지 않는다. 창조적 파괴를 통해 지속적인 혁신을 실천한다.

21세기! 우리가 맞이하고 있는 기업의 경영환경은 끊임없이 높은 파고와 격랑이 이는 넓은 대해와 같다. 이러한 새로운 경영환경에 당당히 맞서기 위해서는 해머의 주장처럼 불확실성, 위험, 권한위임, 자율성에 친숙해져야한다. 이제 우리 기업조직들이 버려야할 것은 변화에 대한 무관심과 무감각이며, 키워야할 것은 체질화된 변화마인드를 통한 변화에 대한 체계적인 관리능력이다.

이 책은 모든 조직에서 통용될 수 있는 변화관리를 위한 실행지침서이다. 변화를 진단하고, 변화를 설계하며, 효과적으로 변화사업을 구축하고, 이를 실행하기 위한 핵심 Toolkit에 대한 설명이 명료하게 제시되어 있다.

변화마인드와 변화관리능력을 갖추기 위해 반드시 수많은 시간과 노력을 투자할 필요는 없다. 이 책을 통해 차근차근 훈련해 나간다면 여러분도 오래지 않아 유능한 변화관리자가 될 수 있을 것이다.

이 책이 여러분의 변화관리능력을 개발하는데 중요한 초석이 되길 기대하면서, 여러 가지 어려운 여건 속에서도 이 책의 번역·출판을 흔쾌히 수락해 주신 도서출판 한경사에 감사를 표한다. 또한, 번역과 원고 정리에 도움을 준 강원대학교 경영학과의 이명진 학생에게도 고마움을 전하는 바이다.

백령골의 아침을 맞으며
역자 일동

| 차 례 |

1 Chapter 변화관리 실행지침

부가가치를 창출하는 회사

변화의 프레임워크

야망과 전략적 변화

변화 해결책

조직을 변혁시키기

사례연구: BBC 방송국

이 책은 조직 내에서 변화를 관리하고자 하는 관리자 또는 관련 전문가들을 위한 실행지침서이다. 이 책은 낙관적인 견해를 갖고 쓰여졌다. 관리자와 조직은 지난 10여 년간 많은 변화를 경험했다. 이제, 우리는 변화하는 방법에 대해 이해하기 시작하고 있다. 변화가 어렵다거나 거의 불가능하다고 하는 사람들은 틀린 것이다. 이 책에는 그런 사람들을 돕기 위한 도구들이 있다. 변화에 저항하는 것은 필요불가결한 것이 아니며 실패가 유일한 결과도 아니다.

당신이 변화를 언급하면 많은 사람들이 변화가 어렵다고 말한다. 사람 문제와 불확실한 미래에 대한 것을 필연적으로 해결해야하기 때문이다. 결과를 예측하기 어렵기 때문에, 생각하지 않는다면 스스로의 역동성을 좇아서 역동성을 만들어나가기가 더욱 더 어려운 것이다. 특히, 모든 사람들은 중대한 변화는 소위 말하는 '변화내용' 또는 사람에 대한 문제 때문에 어렵다고 말한다. 정말로 그런가? 독자들은 최근 10여 년 간에 변화하지 않은 조직이나 기관을 알고 있는가? 그 어떤 사람이 우리가 빠르게 변화하는 시대에 살고 있지 않다고 심각하게 주장할 수 있는가? 또한 우리는 생산성, 기술, 브랜드, 이미지, 명성 등의 급격한 변화가 많이 일어나고 있는 시대에 살고 있다는 것이 사실 아닌가?

일부 사람들은 이러한 질문에 '예'라고 답하지만 장기적인 결과에 대한 의문을 표시한다. 우리는 어떤 종류의 사회를 만들고 있는가? 우리는 우리가 하고 있는 일의 장기적인 결과에 충분한 관심을 보이는가? 좋다. 그러나 그것은 토론의 방향만을 변화시키는 것이다. 조직들은 더욱 더 빠르게 변화하고 있으며 더 높은 생산성, 더 높은 수준의 행동, 고객만족 등을 성취하기 위하여 노력하고 있다는 것이 사실이다. 이것은 모든 것이 다 잘된다는 것을 의미하는 것도 아니며 모든 것이 다 성공적이란 것을 의미하는 것 역시 아니다. 전에 없이 더 복잡한 요구들(고객만족과 사업의 윤리성에 대하여)이 더욱 더 복잡하고 다양한 환경에 추가되는 기간 동안에도 조직들의 크기, 행위, 이윤 등이 차라리 증가하고 있다는 것을 인식해야 한다. 고참 중역들이 직면하고 있는 도전은 더 커졌으며 아직도 더 많은 변화를 달성해야 한다.

따라서 우리는 무엇인가 올바른 것을 시작해야만 한다! 변화란 원래가 필연적으로 어려운 것은 아니지만 많은 것이 요구되며 피곤한 것이라 볼 수도 있다. 이러한 주장은 부분적으로 '변화에 대한 저항'이란 생각을 떠올리게 한다. 일부 사람들은 사람이란 원래 변화에 대해 저항한다고 주장한다. 핵심 전문가들 또는 노조와 같은 기득권자들의 이권이든, 개인적인 이유이든 또는 단체와 관련된 이유이든, 전략적 변화는 핵심 주주들의 반대라는 저항에 의해 포위될 수 있다. 이것은 사실이며 나는 이점의 중요성을 간과하지 않는다. 그러나 이 또한 부분적으로만 진실이다. 우리가 '변화에 대한 저항'이라고 언급하는 것의 많은 부분은 '불확실성에 대한 저항'이다. 따라서 저항은 변화 그 자체보다는 변화를 시행하고 관리하는 과정에서 생겨난다.

만일 사람들이 무엇을, 왜, 어떻게, 누구에 의해서 달성되어야 하는가를 안다면 많은 도움이 될 것이다. 만일 사람들이 변화가 주는 자신들에 대한 영향력을 이해한다면 이것은 더욱 더 도움이 될 것이다. 이것은 모든 저항이 사라진다고 주장하는 것이 아니다. 기득권에 대한 위협 때문에 변화를 방해하는 사람들에게 더 많은 정보가 제공되는 것은 그들이 방해하려는 것을 도와주는 것이라고 주장할 수 있다. 그러나 그것은 저항자들에 대한 처리 방식, 시기, 전술의 문제가 아니던가? 변화에 대해 많은 저술을 하는 행동과학자들의 주장은 너무나도 지엽적이며, 최소한 부분적으로는 잘못 되었다는 것이 내 지적의 요지이다. 내가 언급한 대부분의 저술들은 무엇을 변화시켜야 하는가에 대한 문제를 매우 급히 대충대충 언급하면서 종업원의 태도, 만족, 믿음 등등을 다룬다. 종업원들과 관련된 이러한 것들이 중요하지 않다는 뜻이 아니다. 단지, 이것이 전체 이야기가 아니라는 것이다. 변화를 위한 제안에 대한 종업원들의 반응의 많은 부분은 적절성, 신뢰성, 성공가능성 등에 대한 지각에 좌우된다. 만일 어떤 사람이 어떤 것이 변화되어야 한다고 주장하면서 성공할 것 같은 느낌을 주는 신뢰성 있는 계획을 제시한다면, 나는 더욱 더 변화에 동참할 것이다.

이 책은 변화의 성공적인 실행에 초점을 맞춘 변화관리 모델에 기초하고 있다. 그 모델은 그림 1-1에 제시되어 있다.

전략적으로 변화의 실행을 성공적으로 이끌어내기 위해 관리자들은 다음에 나오는 다섯 가지의 개념과 도구를 알아야 할 필요가 있다.

〈그림 1-1〉 변화관리 모델

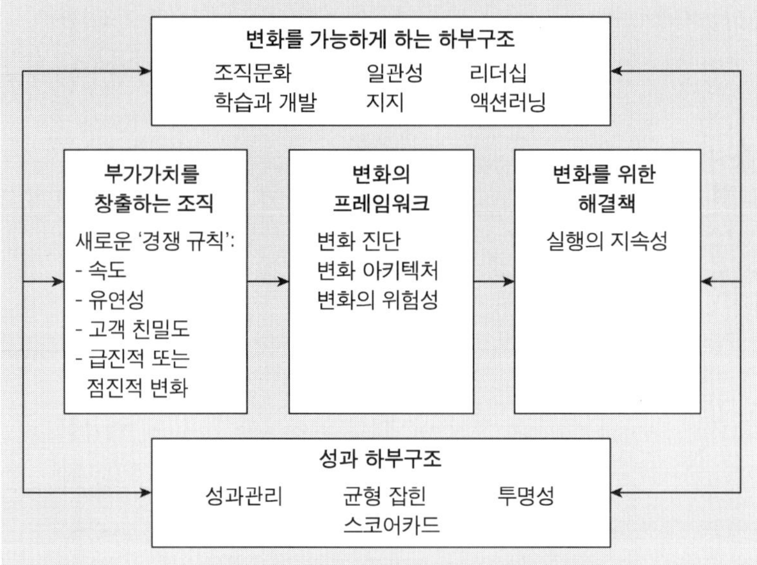

부가가치를 창출하는 회사

고객에 대한 서비스와 부가가치의 창출이란 개념 하에 조직을 구조화하는 새로운 방식이 출현하였다. 이것은 고객의 욕구와 시장의 환경이 변화하기 때문에 이러한 변화에 적응하는 방식으로 조직을 정비하려 한다. 새로운 '경쟁의 법칙'은 속도, 유연성, 고객 친화성을 강조한다. 따라서 통제와 예측성으로부터 우리 조직의 지배적인 관심사를 속도, 유연성, 고객에 대한 관심으로 더욱 변화시켰다.

변화의 프레임워크

우리는 변화를 위한 진단을 잘 이해할 필요가 있다. 어떤 종류의 도구와 프레임워크가 타당한 자료를 수집하게 해줄 것이며, 따라서 해결책이 주요 관심자들에게 신뢰성을 줄 것인가? 어떻게 우리는 진정한 진단을 할 수 있는가? 우리는 어떤 절차를 따라야 할까?

우리가 변화 설계를 통해 의미하는 것이 무엇인가? 단순하게 말해서 우리는 사람들이 새로운 미래를 창조하는데 초점을 맞추고 '생산적인 추론'을 하는데 사용하는 정돈된 상태, 시스템, 자원, 과정 등의 집합을 의미한다. 전략, 포럼, 의사소통의 폭포, '타운 미팅', '열린 공간의 모임', 균형 잡힌 스코어 카드, 등등의 다양한 원리를 응용할 수 있다. 이런 원리들은 다음과 같은 목표를 갖고 있다.

1. 우리는 전략적 변화에 대한 지배구조와 책임감을 분명히 하려 한다.
2. 우리는 주요 관심자들을 적절한 방식으로 상대하려 한다.
3. 우리는 모든 사람 또는 최소한 주요 핵심 관계 집단을 위해 정의되는 방식과 상관없이 성공을 지지해 주는 방식으로 일관성을 확보하려 한다.
4. 우리는 비교적 투명한 기초위에 제공되는 효과적이며, 믿을 수 있으며, 사용가능한 성과 지표를 찾고 있다.

5. 우리는 평범한 기준 위에 제공되는 일련의 균형을 갖춘 성과 지표(예를 들어, 재무, 행동, 질, 적응성, 시장, 고객, 종업원 등에 대한 만족을 포함하는 지표)를 찾고 있다.
6. 우리는 새로운 기술과 능력을 습득하거나 개발하려 하며, 몰입과 자원을 동원하려 한다.

그리고 변화의 위험성이란 무엇인가? 특정한 제안과 관련된 위험-수익 공식은 무엇일까? 이러한 생각은 두 가지 생각에 대한 분명한 평가를 요구한다. 첫째, 제안이 얼마나 야망에 차 있는가? 둘째, 조직이 중요한 변화를 받아들여 실행할 준비가 어느 정도 되어 있는가? 이것을 실행 지표를 통해 평가하는 것이 가능한가? 자명한 사실은, 모든 것이 동일하다면, 목표가 클수록, 위험도가 높다는 것이다. 그러나 회생하는 상황, 또는 조직이 변화에 대한 높은 준비성과 능력(높은 실행 지표)을 소유하고 있는 상황에서는 이것은 더욱 더 복잡하게 될 것이다. 여기서, 도전적 목표가 없는 제안은 타당성이 없어 보인다! 분명히 이러한 생각들은 상호 연결되어 있다.

도전적 목표와 전략적 변화

그렇다면 선도적 사업가들은 야망에 찬 전략적 변화를 어떻게 생각할 수 있을까? 이런 상황에서 도전적 목표란 무엇을 의미하는가? 분명히 경쟁력이 도전적 목표의 핵심 요소이다. 이것은 경쟁력의 기초가 될 수 있는 자산을 분명히 이해하는 것만큼 중요하다. 그러나 우리는 순진한 가정 또한 이해해야 한다. Hampden-Turner(1990)가 보여주었듯이, 한 요소에 대한 집중은 단기적은 성공을 줄 수 있으나 장기적으로는 실패한다. 그러나 Kay(1993)는 더욱 적절한 기초를 제공하였다. 그는 시장에서 힘을 발휘하는 차별적 요인을 '분명한 능력'이라 했으며, 이는 다음과 같은 것에 기초하고 있다고 했다.

- 명성 – 브랜드와 관련하여 가시적인 속성의 형태로 제공되는 제품/서비스에 대한 시장의 지각
- 아키텍처 – 내·외부의 지식과 유연성 및 회사가 가질 수 있는 네트워크를 포함하는 자원들 사이의 관계
- 혁신 – 변화하는 능력

그러나 '차별적 능력'들이 경쟁적 우위의 원천이 되기 위해서는 지속성을 가져야 한다. 많은 주요 기업들의 흥망성쇠가 너무도 분명히 보여주었듯이 궁극적으로 어떤 것도 지속성을 가지고 있지 않다는 것이 진리이다. 시장 점유율이 이를 말해주고 있다. 그러나 지속성 유지를 위하여 Kay(1993)는 대중 정책에 대한 관리의 중요성을 언급했다. Kay(1993)와 Porter(1985)에 따르면, 회사 성공의 기초로 부가가치를 창출하여 유지하는 방법에 대한 이해가 필요하고 지적했다.

가치중심경영(VBM)은 현재 수행하는 관리가 사용하는 표어이다. 이것은 관찰자에 따라 다른 의미를 갖고 있다. 어떤 사람에게는 이것은 경제적 부가가치, 주주의 가치 등을 의미한다. 다른 사람들에게는 사회 자본(Fukuyama, 1995)이 핵심적인 요소이다. 두 번째의 견해를 가진 사람들은 부가가치를 창출하는 관리를 단순한 부가가치 창출 이상으로 보고 있다. 사명, 목적, 그리고 전략은 회사의 가치에 대한 서술을 요구하거나 또는 그 서술을 의미한다. 가치가 중요한 것처럼 회사를 관리하는 것이 우리의 관심사이다. 여기서 일관성이 중요하다. 전략적 설계를 통해 비전, 사명, 가치, 전략, 구조 등을 일관성 있게 만든 사람들은 성공할 것이다.

이러한 견해에 대한 최근의 제안자는 Markides(2000)이다. 그는 다음과 같은 것에 의해 지속적인 강점이 달성된다고 했다.

1. 다양한 설계의 활동을 서로서로 지지하며 강화하는 '짜임새' 있는 제도로 조직화하는 데 있어서 지속성이 장점이다. 왜냐하면 모방자들이 다양한 아이디어, 기법 등을 받아들일 수 있어도, 상호 관련성을 매우 잘 관리할 수 있는 능력을 복사하기는 어렵기 때문이다.
2. 문화, 구조, 인센티브, 사람 등 조직 내면의 환경을 만드는 것. 이것 또한 복사하기 어렵다.

이 두 가지는 모두 일관성과 관련 있다. 그러나 Markides는 한걸음 더 나가 복사하려는 성향을 회피하는 것에 의해 종종 성공을 달성할 수 있다고 주장한다. 각자 매우 잘 보호받는 위치에 있는 현재의 경쟁자와 치열하게 경쟁을 하는 대신에, 경기의 규칙을 변화시켜 새로운 전략적 위치를 창조하려는 것이 핵심이다. 그 예는 다른 어떤 기업보다도 Body Shop, CNN, Dell, Direct Line Insurance, Easyjet, Federal Express, IKEA, Swatch 등에서 찾아 볼 수 있다. Markides는 전략적 혁신을 설명하기 위한 유용한 프레임워크를 제시하였다. 이것을 다음과 같이 요약할 수 있다.

현상유지에 의문을 갖고 사업영역과
당신 사업을 위한 환경을 탐색한다.
↓
이것이 잠재적으로 새로운 전략적 위치를 차지하게 하나?
↓
만일 당신이 이런 위치를 받아들인다면,
기존의 사업과 시너지 효과를 볼 수 있나?

Kay의 견해는 전략적 설계의 일부분으로 '핵심 역량'이란 아이디어를 사용한다. Grunig와 Kuhn(2001)은 이러한 생각을 분명한 분석적 프레임워크로 발전시켰다. 그들에게 전략으로서의 성공 가능성에 대한 평가(Ohmae(1987)을 기초로 확장함)는 시장에 대한 평가와 다음과 같은 세 가지 수준에서의 경쟁적 강점을 요구한다.

1. 시장에서의 위치 – 시장의 매력도
   경쟁적 강도
   시장 점유율
   시장점유율의 성장/쇠퇴
2. 시장이 제공하는 것 – 영역과 범위
   질과 서비스
   add ons
   가격
   속도
   경쟁자 대비 측정척도를 포함하는 것
3. 자원들 – 경쟁적 우위의 지속성
   (희소성, 유일성, 대치성)

앞에서 언급한 저자들은 자원에 기초해서 전략을 보는 견해를 '외부에서 내부로'라는 접근법(시장에 기초한 견해) 또는 '내부에서 외부로'라는 접근법(자원에 기초한 견해) 모두 수용해 성공 가능성을 평가하는 것이 가능하다고 언급했다. 그러나 그들은 후자는 규범이 아니라 예외적인 것이라 언급했다. 그럼에도 불구하고, 그들의 공식에서 재미있는 사실은 Kaplan과 Norton(1996)을 따라 성공 잠재성의 평가에서부터 균형 잡힌 스코어카드의 개념, 동기와 지식 그리고 역량을 한 차원에 그리고 변화 추진자와 방해요인을 또 다른 차원에 배치하여 상호 연관시키는 2×2 행렬을 제안한 실행 측정 도구를 추적하는 방식에 있다. 도전적 목표의 수준은 제안서가 제시하고 있는 일관성의 정도와 관련이 되어 있다.

변화 해결책

변화 해결책은 실행에 관한 전반적인 질문과 변화 준비성을 측정하는 지표와 관련된 아이디어로 연결된다. 그러나 어떤 차원을 그 지표에 포함시킬까? 간단히 말해, 실행이란 효과적인 변화의 과정을 설계하고 조직화하는데 필요한 과정들이라 정의될 수 있다. 그렇다면 변화 과정의 효과성을 어떻게 측정할 수 있는가?

왜 어떤 변화 프로그램은 성공하고 어떤 변화 프로그램은 실패하나? 왜 어떤 회사는 변화를 빠르게 달성하고 어떤 회사는 변화조차 할 수 없는가? 왜 점점 더 회사들이 리더십과 문화를 성공 또는 실패를 정의하는 기본요소로 보고 있는가? 왜 우리는 적절한 변화 과정 설정을 최고의 관심사로 삼고 있는가? 왜 변화하는 조직들이 가치와 벤치마킹에 관심을 갖고 있는가? 환경을 올바르게 '판독하고' 경쟁력 있는 사업 모델을 만드는 것이 성공적인 변화의 핵심 주제가 아닌가? 많은 전략적 변화 중에서 가장 중요한 것이 올바른 사업 모델을 만들고 정확하게 복제하는 것이라고 말하는 사례가 하나도 없는가? 우리는 '하나의 최선의 방법'이란 주장을 진정으로 확신하는가? 이것은 사업 모델의 어떤 범위도 적합하다는 것을 의미하며, 따라서 당신은 사람을 중심으로 하는 모델에 관심을 가져야 한다는 것이다.

경영대학에서의 경력을 통해서 나는 종종 이런 딜레마에 봉착한다. 종종 관리자들은 사람 중심의 견해를 중요시 여기지도 않으며 중요시 여길 의사조차 없는 것처럼 보인다. 현실적으로, 이것은 과업 중심의 견해를 심각하게 여기지 않고 사람 중심의 견해를 수용하려는 사람들 때문인가? '하나의 최선의 방법'은 없는가? 혹은 '하나의 최선의 방법'에 대한 최소한 몇 가지 변형된 방법은 있는가? 그렇다면 관리자들에게 소위 말하는 사람 중심의 문제에만 집중하라는 것은 의미가 없어 보인다.

사회-기술적 체제 학파는 이런 문제를 해결하려는 초기의 노력에 해당된다. 이 학파는 두 가지를 동시에 최적화 시키는 것이 적절한 목표라고 주장한다. 그들은 우선적으로 기본적인 설계 혁신을 통한 작업집단의 조직화에 초점을 맞춘다. 이 개념에 기초한 변화 프로젝트의 결과를 검토해 보면, 증가된 유연성이 눈에 띄게 강화된 성과의 원천이라는 것을 종종 보여주었다. 종종 종업원 만족 또한 증가하며, 이것이 더 큰 딜레마에 봉착하게 한다. 왜 많은 학자들과 컨설턴트들은 변화의 시도가 실패한다고 주장하였는가? Boonstra(2002)는 바로 이점을 지적하였다. 이제까지 미국에서 사업 과정을 재설계하려는 대부분의 시도는 실패라고 판단된다. 새로운 전략들은 '대략' 75% 정도의 실패율을 보인다. 네덜란드의 연구결과는 약 70% 이상의 변화 프로그램이 '미미한 결과'를 보였다고 주장하였다.

그리고 이러한 인식은 성공한 증거가 있음에도 불구하고 널리 통용되고 있다. 산업과 사업영역이 최근에 많이 변화되었다. 특히 병원, 정부, 세계적인 회사들에 대한 리엔지니어링이 이루어졌다. 1960년에 비해 2000년의 포드사는 전혀 다른 회사가 된 것이다. 오늘날의 민영화된 영국 전화국이 민영화 이후 극적인 변화를 겪지 않았다고 강하게 주장하는 사람이 있는가? 영국 항공사는 어떤가?

Pfeffer(1998)는 Gratton(2000)이 주장했듯이 '사람을 우선해서는 이익을 남길 수 없다'는 사례를 주장하였다. 그가 주장한 사례에서 저자들은 전략적 변화가 정례적으로 달성되었다는 것을 보여주는 증거를 인용하고 있다. '날씬한' 조직 또는 '세계수준의 조직'에 관련된 글도 이 같은 증거를 보여 주었다. 그러나 중요한 변화를 시행하고 있는 조직과 함께 일한 나의 경험에 의하면, 많은 경영자들이 변화의 과정을 골치 아픈 것이라 생각하는 것은 분명하다. 관련자들을 설득하는 것이 어렵다는 것이다. 그래서 인간 중심적인 접근법은 중요는 하지만, 자주 사용되지는 않는다. 경험으로부터 학습하려는 시도가 거의 없다는 것이다.

'전략적 벤치마킹'은 조직의 변화를 위한 진단에 매우 중요한 위치를 차지하고 있다. 자신의 조직을 세계 최고의 회사와 비교한다는 것이 핵심 포인트이다. 따라서 우리는 벤치마킹을 통해 우리의 위치를 찾아내고, 현 상태의 원인을 찾아내며, 변화를 위한 개선의 가능성을 밝혀낸다. 기법으로서의 벤치마킹은 (최소한 원리와 개념이란 측면에서) 특정한 제품 또는 시스템의 벤치마킹에 초점을 맞추는 1세대로부터, 경쟁적인 벤치마킹, 과정 벤치마킹, 전략적 벤치마킹을 거쳐, 글로벌 벤치마킹으로 진화하였다. 가장 중요한 것은 벤치마킹이 학습 기법을 대표한다는 것이다. 인지적인 성향을 가진 이 학습법은 진단과정에 대한 비교에 기초를 둔 이성적인 분석을 응용한다.

마찬가지로, 업무 과정에 대한 리엔지니어링은 많은 지지자와 반대자를 포함하여 세계적인 주목을 끌었다. 변화하기 위하여 필요한 것이 무엇인가를 진단하는 하나의 기법 이상으로 받아들인다 하여도, 이것은 진단 기법을 포함하고 있다. 이 기법을 제안한 핵심 인물 중의 한 사람은 이 기법을 막힌 것을 뚫어 주거나 또는 '성과의 단절적 도약'을 위한 기술이라 주장하였다. 이 기법은 위치, 구조, 기술 등과 같은 '사업의 설계'에 초점을 맞추고 있다. 부가가치의 창출이란 개념으로 설명되는 사업 설계 분석과 함께 변화와 조직 내 문제와 관련된 위험평가를 한다. 벤치마킹과 비즈니스 리엔지니어링과 같은 기법에 있어서, 우리의 관심사는 1970년대의 유연한 조직개발 방식과 새로운 정보화의 하부구조가 제공하고 있는 기회 때문에 이제야 조작화 된 사회-기술적 시스템 학파 사이의 조합을 보고 있다는 것이다. 따라서 진단 자체는 좀 더 철저해졌으며 그 영역이 많이 확대 되었다. 실제로 이러한 접근법들이 과소 이용되고 있을 가능성이 있을 정도이다.

조직을 변혁시키기

핵심적인 변화를 성공적으로 관리하기 위해서는 조직 전체를 아우르는 접근법이 요구된다. 변화는 변화를 지지하는 사람들과 무관심하거나 또는 변화에 반대하거나 두려워하는 모든 사람들(과대한 업무를 통해, 불확실한 세계에서 변화를 이끌어야 하는 도전을 통해서, 걱정을 많이 하는 사람을 달래야 하는 압박감을 통해, 원래의 불확실성 등을 통해)에게 스트레스를 만든다.

조직 학습은 효과적인 변화의 중요한 구성요소이다. Quinn의 주장에 따라(Quinn, 1992 참조) 조직의 재구조화와 전략적 변화는 효과적인 진단과 벤치마킹, 정보, 인센티브제도 등에 기초해야 한다. 그러나 전통적인 위계적 조직구조를 점점 더 닮지 않는 조직의 환경 하에서, 전략적 변화를 달성하기 위한 핵심은 '관리된 점진주의'가 위험을 관리하도록 명시적으로 설계된 변화 실행 전략이다. 그러나 이것이 변화의 속도가 늦고, 변화가 무작위로 일어나거나 점진적이라는 것을 의미하는 것은 아니다.

이 모든 것은 변화 실행이 다음과 같은 것을 요구한다고 가정한다.

- 변화 욕구에 대한 인식이 이루어져 있다.
- 믿음직스럽고 신뢰할 수 있는 변화사례가 있다.
- 변화는 학습 과정이다. 당신은 처음에는 모든 것을 올바르게 할 수 없다.

- 극적인 변화는 사람들이 새로운 기술 등을 습득하게 됨에 따라 혼돈과 불확실성은 느낄 수 있다.
- TFT 또는 프로젝트팀을 통해서, 인센티브 제도와 훈련을 통해서, 또는 파일럿 설계를 통해서 변화의 지지자를 넓히고, 변화의 지지를 동원하는 데 관심을 두어야 한다.
- 비전과 조직의 관심사가 분명해야 하지만 처음부터 그럴 필요는 없다. 전략적 비전으로 정교화 되어 지기 전의 비전은 처음에는 매우 막연할 수 있다. 전략적 비전으로 전환되는 과정에서 많은 것이 학습돼야 한다.
- 사람과 변화의 과정에 초점이 맞춰져야 한다.

Alexander(1985)는 실행과 관련된 연구를 검토했다. 그는 '정책 자원과 목표를 동시에 변화시키는 실행 행동에 의해 지속적으로 변혁된다.'는 Pressman과 Wildavsky(1973)의 생각을 지지하였다. 따라서 전략(또는 정책)과 실행은 상호작용하며 함께 나타난다. 또한 Alexander(1985)는 통상 생겨나는 실행과정의 문제점들을 피해서 실패를 방지하며 성공을 증진시키는 실행이 되어야 한다고 언급했다.

변화에 관심 있는 관리자들과 관련된 3개의 학습 모델이 있다.

- 실천을 통한 학습 – 이것은 내면적 과정이다. 우리는 실험법, 시행착오, 실험적 시도 등에 의해 학습한다.

- 사용을 통한 학습 – 이것은 필연적으로 외부세계에 대한 학습이다. 우리는 고객으로부터의 피드백과 경쟁력 있는 벤치마킹 등을 통해 우리의 제품과 서비스를 개선하는 방법을 학습한다. 따라서 우리는 우리 제품과 서비스에 대한 고객의 경험과 경쟁사에 대한 비교를 통해 이득을 보게 된다.
- 실패를 통한 학습 – 말 그대로이며 우리는 항상 실패를 통한 학습을 경험하고 있다. 이것은 실패가 종종 일어날 수 있다는 사실의 수용을 요구한다.

우리는 변혁적 리더십, 탐험가 정신, 학습조직 등이 각기 이 같은 내용들을 포함하고 있다고 주장한다. 더 나가, 중요한 변화는 단순한 주제를 중심으로 조직화된 중요한 프로그램으로 실행된다는 것을 우리는 알고 있다. 즉, 통합적 품질관리를 위한 '올바른 첫 시도' 또는 중요한 문화적 변화를 위한 프로그램 '다음 단계 프로그램' 등과 같이 단순한 주제로 만들어진다.

'시간에 기초한 경쟁'은 현재 통용되고 있는 좋은 예이다. 생산, 생산개발, 판매와 분배 등에서와 같이 우리가 시간을 관리하고 있는 방식은 강력하고 중요한 경쟁적 우위의 원천을 제공한다는 것이 이것의 핵심 아이디어이다. 이 생각은 비즈니스 리엔지니어링이란 새로운 접근을 탄생시켰다. 이들 두 방식 모두의 핵심은 수행하는 직무 및 정보의 흐름과 시간사용의 지속적 개선을 원하는 조직을 분석하기 위한 분석적 기법을 이용하는 변화전략이라는 것이다. 조직은 모든 직급에서 변화를 달성하기 위하여 임파워먼트된 자신의 종업원들을 이용하여 스스로 실행하도록 하는 것을 강조한다. 벤치마킹은 이런 프로그램에서 많이 사용되는 분석적 기법이다. 'Pilot 팀', 'Breakthrough 팀'도 사용되는 기법이다. Stalk와 Hout (1990)에 따르면 breakthrough 팀에게는 급진적인 목표들이 주어진다. 예를 들면, 어떤 프로젝트의 수행시간 또는 특정 제품의 생산 시간 등을 반으로 줄이기 등이다. 이는 주어진 기존의 가정에 대해 도전하게 만들기 위한 것이다. 병목 현상, 파괴, 실패, 고객 욕구 충족 실패 등 모든 것이 학습의 기회가 된다. 이런 모든 것이 조직에 대한 급진적인 새로운 사고를 암시한다.

마지막으로 Argyris(1990)는 단일 고리(single-loop) 학습과 이중 고리(double-loop) 학습이라 불리는 것 사이의 구분을 지적하며 조직 내 효과적인 학습을 달성하는데 제약이 되는 요인들에 대해 설명하였다. 전문가(관리자와 점점 많은 숫자의 종업원들이 어떤 형태로든 전문가 또는 유사 전문가이다)에 대한 두 가지 점이 그의 설명의 핵심이다. 그 핵심은 다음과 같다.

- 전문가 대부분의 중·고등학교, 대학, 초기 경력 등을 통한 생의 경험은 실패가 아닌 성공에 의해 특징지어진다. 왜냐하면 그들은 실패하지 않았기 때문에, 실패로부터 학습하는 방법을 배운 적이 없다. 따라서 그들은 일이 잘못되면 방어적이 되며, 비판에 귀 기울이지 않으며, 다른 사람을 비방하게 된다. 모순되게도, 그들의 학습하는 능력이 그들이 최고로 필

요로 하는 것을 차단하는 것이다.

- 우리가 이 책의 첫머리에 언급한 것과 같이 Argyris는 조직들이 학습하는 것은 동기부여의 문제라는 가정을 갖고 있다는 견해를 보여주었다. 이런 견해는 동기화되고 몰입하는 종업원을 만들도록 설계된 의사소통, 보상과 권위, 그리고 책임감의 올바른 구조를 만들며, 학습과 개발은 뒤를 잇게 될 것이다. Argyris는 이것이 치명적인 오류라는 사실을 지적하고 있다. 사람들은 그들이 생각하는 방식을 통해, 그들의 행동을 설계하고 실행하는데 사용되는 인지적인 규칙 또는 추론을 통해 학습한다.

Argyris는 조직을 통해 학습을 장려하는 방법, 이러한 학습의 딜레마를 해결하는 방법을 배울 수 있다고 주장했다. 이러한 해결 방안의 뿌리는 어떤 개인의 행동을 넘어서는 논리 또는 추리에 대한 건설적인 질문을 하는 방법을 찾아내는 것이다.

Case Study

사례연구: BBC 방송국

이 사례 연구는 BBC에서 실행된 급진적 변화에 대해 설명한다. 이는 1990년대에 실행된 'PD의 선택'이라 알려진 것이다. 우리에게 이것은 다음과 같은 이유에서 흥미로웠다.

1. 이것은 1980년도 후반부터 시작했던 다양한 자원 활용 연구와 변화 프로그램의 논리적인 확장이었다.

Case Study

2. 변화는 명백한 이론적 모델에 기초한다(Burke and Litwin, 1992).
3. 우리는 변화의 설계라는 측면에서 변화를 평가할 수 있었다.

'PD의 선택'은 1993년 봄에 채택되었으며, 문화와 일하는 방식의 급진적 변동을 제공하였다. 'PD의 선택' 전에는 모든 예산이 중앙 집중으로 관리되었으며, 각부서로 위임되는 형식이었다. 프로그램 제작자들은 예산권을 갖고 있지 않았다. 차라리 그들은 프로그램을 만드는데 필요한 자원에 대해 추정만을 하였다. 따라서 근저에 깔린 생각은 프로그램 제작자에게 예산을 배정하고, 그들이 외부 자원을 활용하는 것을 허락하는 것이었다. 진정한 제작비용, 돈의 가치, 효율성, 품질 등과 관련된 시장비교에 관심의 초점을 맞추려는 생각이 조금도 없었기 때문이다.

1991년 말에 발표된 이것은 1993년 4월까지는 (많은 것이 요구되는) 준비기간으로 삼을 것을 제안했다. 여기에는 훈련 및 개발 프로그램이 포함되었다. 107개의 핵심 활동들을 포함한 변화와 실행계획을 관장하기 위한 조정그룹 설치에 동의했다. 170명의 BBC 핵심 직원이 참석한 공식적인 출범식을 포함한 종합적인 의사소통 프로그램이 설치되었다. 직원회의, 워크숍, 질문 응답 포럼 그리고 'PD의 선택'과 관련된 소책자의 배포가 뒤를 이어 실행되었다.

1993년 봄까지 18개월이 넘도록, 다양한 직급에서 1,800명의 직원이 참석한 일련의 하루 또는 이틀 과정이 실시되었다. 동시에, 인식 수준을 높이기 위한 최소한의 노력과 더불어, 모든 직급의 BBC 직원들에게 'PD의 선택'과 관련한 토론과 언쟁을 할 수 있는 워크숍이 마련되었다.

Case Study

또한, 이러한 활동과 동시에, 비용 검토, 자원활용 검토, 시장 시험 과정 등이 진행되었다. 이를 통해 종업원 수가 1990년과 1993년 사이에 19% 감소하였다.

'PD의 선택'은 파일럿 기간으로 시작되어 BBC의 고급 관리자들이 워크숍에 참석하는 것으로 본격 시작되었다. 이 워크숍을 통해 변화 모델을 실험하기 위한 수단으로 'PD의 선택' 하의 BBC와 관련하여 맞춤형으로 만들어진 시뮬레이션이 사용되었다. 72명의 고급 관리자들이 이 워크숍에 참석하였다.

이 변화와 관련하여 무수히 많은 문제가 있었다. 그들 중 상당수는 실험적 연습에서 예견된 것이었다. 많은 초급 관리자들은 새로운 체제하에서 481개의 새로운 사업 단위를 만드는 것은 커다란 '토끼와 사냥개'를 만드는 것이라 언급했다. 그럼에도 불구하고 1994년 조사와 다른 것은 돈의 가치가 상승했으며, 더욱이 시장성과를 위한 신뢰를 받을 수 있는 수단을 소유하게 되었다는 것이다. 사업 단위의 숫자는 200개로 감소했다. 문제가 없는 것은 아니지만, 'PD의 선택'은 BBC가 미디어의 글로벌한 경쟁과 디지털 시대로 이동함에 따라 필요로 하는 문화 변화과정의 일부분이 된 것처럼 나타났다. 그러나 Burke-Litwin 모델(Burke and Litwin, 1992)에 기초하여 1994년과 1995년에 실시한 직원조사의 결과는 직원들이 'PD의 선택'이란 아이디어에는 반대하지 않는 반면에, 그들은 변화의 속도가 새로운 작업방식을 실시하는데 필요한 하부구조를 만들 수 있는 관리 능력을 초과한다고 믿고 있다. 변화에 대한 저항, 몰입, 스트레스, 걱정 등의 문제는 이미 잘 알려진 것이지만, 하부구조와 관련된 질문은 중요한 것이다. 제대로 잘 준비되어 있는가? 그렇지 않다면 새로운 방식은 작동하지 않을 것이며 직원들은 일상적으로 해오던 편안한 방법을 선호할 것이다. 만일 '예'라면, 그들이 새로운 도구가 자신들에게 주어 졌다고 느끼면, 그들은 새로운 방식으로 일할 수 있다고 느끼게 될 것이다. 이 견해는 변화의 성공이 변화설계를 하부구조를 만들 수 있다는 생각을 갖게 하는 변화설계로 사람들이 보는가에 달려있는 것이다. 그리고 변화에 대한 저항은 변화 그 자체에 대한 저항이 아니라, 실패할 것 같이 보이며 절반의 믿음만 갖는 변화에 대한 저항인 것이다(Flex, 2000).

출처: Felix(2000)

2 Chapter 새로운 경쟁적인 규칙

'게임의 규칙' 변화시키기

부가가치를 창출하는 조직

급진적 또는 변혁적 변화

변혁적 변화과정

국제적인 사업 환경은 어느 때보다 빠르게 변하고 있다. 우리는 기업들이 단순히 살아남기 위하여 그들의 아이디어를 지속적으로 새롭게 만들 필요가 있는 시기에 살고 있다. 그러나 지속적인 성공을 달성하기 위하여 현재 운영하고 있는 것을 좀 더 좋게 개선하는 것만으로는 충분하지 않다. 기업은 그들의 경쟁자들에 비하여 우위를 확보하기 위하여 급진적인 어떤 것을 할 필요가 있다. 따라서 미래에는 과정에 리엔지니어링 초점을 맞출 것이 아니라 시장 자체를 리엔지니어링 하는 것에 초점을 맞추며, 조직 재구조화에 초점을 맞출 것이 아니라 조직을 변혁시키는 것에 초점을 맞출 필요가 있다.

만일 당신이 당신의 조직에 점진적으로 충격을 주고 있는 압력 중 다음의 한두 가지를 이해한다면, 급진적인 변화의 필요성이 임박해 있다고 할 수 있다.

- 과포화된 투자, 더 많은 경쟁과 소수의 대기업 형태로 되어버린 발전된 경제 상태의 성장에서 성숙으로 전환.
- 심지어는 한때 안전했던 지역 시장에서도 글로벌 리더와 경쟁할 필요성.
- 넓은 역량/지역시장에서 좁은 역량/국제시장으로 초점을 변화시키는 관리의 도전.
- 틈새시장으로 이것을 발판으로 시장의 선도자에 도전하는

작고 공격적인 경쟁자의 진입.

- 통합(가치 체인의 모든 요소에 대한 소유 또는 통제)으로부터 전문화(가치 체인의 한 요소를 활용하는 능력)로 전환.
- 가치 체인의 한 참여자로부터 다른 참여자로 힘 또는 부가가치의 전환 – 생산자로부터 분배자 또는 공급자로 또는 그 반대로.
- 특히, 혁신적인 새로운 제품과 서비스를 시장에 판매하는 시간 등과 같이 사업이 운영되는 과정의 속도가 증가되는 것에 대처하거나 또는 이를 이용할 필요성.

이러한 것은 경쟁적인 조직에게는 중요한 문제들이다. 사업의 변혁은 기본적인 면에서 기존의 관행과 영역에 대해 도전해야 한다는 철학이다. 이것은 '게임의 규칙'에 도전하는 것을 포함한다.

'게임의 규칙' 변화시키기

우리는 재구조화했고, 계층을 단축했으며, 소비자에게 한 발 더 다가섰으며, 생산과 서비스 능력의 불량률 제로를 달성했다. 이제 우리는 무엇을 해야 하는가? 이러한 질문은 '평소와 같은 사업'은 지속적인 경쟁적 성공을 달성하는 수단으로 더 이상 적절하지 않다는 것을 보여준다. 미래에는 내부 또는 외부, 또는 아마도 내·외부 모두에서 급진적 변화를 달성할 수 있는 조직에게 경쟁적 성공이 더욱 많이 돌아가게 될 것이다. 이것이 사업을 변혁시키려는 철학의 중심이 되는 생각이다. 경쟁적 전략에 대한 이런 접근법은 다섯 가지의 핵심 제안에 기초하고 있다.

1. 시장의 불연속성은 점진적 변화 보다는 급진적 변화의 결과처럼 보인다. 그리고 이것은 사회 경제적 요인에 의해서 추진되기 보다는 회사 자체가 추진하는 것이다.
2. 전략적 변화에 대처하는 것은 예측에 대한 강조로부터 변화에 빠르게 반응하는 조직 창조로 이동을 요구한다.
3. 경쟁적 우위를 획득하고 유지하는 방법은 장벽을 세우는 것(수직적 통합, 특허 기술, 규모를 창출하기 위해 고정비용의 증대 등)에서 장벽을 극복하거나 또는 무시하는 것(외주, 전략적 연대의 구축, 공격적으로 고정비용의 감축)으로 이동하는 것을 요구한다.
4. 따라서 전략적 사고의 기초는 시장 매력도와 경쟁적 능력에 대한 '현 상태'라는 시각에서 변화하는 게임의 규칙으로 이동하여 기득권자를 불안하게 할 필요가 있다.
5. 이런 상황에서 리더십의 역할은 '이것이 불가능하다'기보다는(통제자/불평자) '이것을 달성할 수 있다(사업의 비전 제공자)'는 것을 확인시켜 주는 것이다.

게임의 규칙을 변화시킴으로서 회사는 결코 회복할 수 없을 정도로 저항을 무력화시킬 수 있을 것이다. 이것은 내적 또는 외적인 급진적 변화 추진에 의해 달성될 수 있다. 미래의 경쟁적 돌파구는 그들의 시장 또는 회사, 또는 양자 모두를 변혁시킬 수 있는 회사에게 돌아가게 될 것이다. 이것은 점진적 변화보다는 급진적 변화를 포함하게 될 것이며, 성공하기 위하여 비전과 리더십을 필요로 하게 될 것이다. 그러나 회사의 변혁이 현실적으로 완성되기에 앞서, 순차적인 행동이 구축될 수 있는 건전한 전략적 기초가 만들어져야 한다. 전략적 사고는 게임의 규칙을 변화시키려는 어떤 의도 또는 시도의 기초가 되어야 한다.

그리고 변화 프로그램은 필수적인 관리 기술의 검토를 시작해야 한다.

부가가치를 창출하는 조직

아래 인용된 저자는 글로벌 통신회사에서 일한다. 그의 회사는 통신업계의 세계적 기업들에게 요구되는 변화의 속도를 달성하지 못하는 것에 관심을 갖고 있다. 나는 다음과 같은 그의 진단에 놀랐다.

> 현재 변화를 추진하는 방법론은 기능적인 분야 내에서 사용되며, 다양한 차별화된 집단과 부서를 통해 전략이 전파되는 비공식적인 방식은 전략의 가치를 희석시킨다. … 이러한 전략은 어떤 과정을 통해 전체 사업의 가치가 부여되

> 는가를 이해하는 것에 초점을 맞추어야 하며 … 이러한 가치라는 연속성 속에서 전략적 개선에 관한 아이디어를 실시하는 과정을 개발할 필요가 있다.
>
> 저자에게 보낸 편지 중에서, 2001

현재 우리가 변화를 일으키려는 환경은 기본적으로 이전의 환경과는 다르다. 우리는 글로벌화, 시장규제 완화, 새로운 기술, 사유화, 국가의 성격과 역할에 대한 근본적인 재고 등의 기본적인 변화가 진행되고 있다는 것을 알고 있다. 더욱이, 우리 각자는 다운사이징, 수평화된 조직구조, 임파워먼트, 외주, 전략적 초점, 린(lean) 조직, 구매와 합병, 합작과 전략적 제휴, 다기능이 포함된 팀, 등등을 포함한 문제에 직면해 있다. 이제는 많은 사람들이 세계가 변화 되었다고 보는 '마음자세'를 고위관리자들이 갖고 있다고 이러한 결과를 참고로 결론을 내리고 있다.

전통적으로, 우리는 기존의 경계 내에서 조직을 변화시키려 노력하였다. 우리는 경계 자체가 변화되어야 하는가에 대한 질문은 해본 적이 없었다. 20세기를 통해 받아 들여졌던 변화 전략 M&A는 하나의 예외이다. 이에 대해 토론하는 것이 우리의 목적이 아니기 때문에 우리는 단순히 그 전략이 회사, 부서 등과 같이 한 덩어리를 가감함으로써 조직의 경계를 다시 생각하게 만든다고 말한다.

조직의 경계를 재고하는 이러한 경향은 우리가 앞에서 언급한 것과 같이 변화와 관련된 마음자세의 일부로서 널리 통용되었으며, 정말로 변화의 첫 번째 이유가 되었다. 20세기 내내 크고,

통합적이며 중앙 집중화된 조직들은 조정과 통제를 매우 잘 시행하였으며 갈등을 해결하는데 매우 능숙하였다(비록 현시적인 갈등의 감소에는 능숙하였다 할지라도 개인적으로 나는 그런 능력을 의심한다). 반대로, 더 높은 수준의 혁신을 달성하기 위해서, 조직들은 먼저 다양한 부서의 형태로 분권화 되어야 한다. 그러나 지속적인 문제와 모든 새로운 기술과 능력을 내부적으로 발전시킬 수 없는 무능함에 직면하여, 조직들은 합작 투자, 연대, 그리고 궁극적으로 '가상 회사' 등을 통한 분권화를 증가시키고 있다.

그러나 여기에서, 그들은 공급 사슬에 초점이 맞추어졌을 때, 관리의 표준이 되고 있는 무엇인가를 언급한다. 첫째, 회사는 혁신, 개선, 가치의 증진을 추진하는 능력을 확보하기 위하여 공급자와 강한 유대감을 성립시킬 필요가 있다. 둘째, 회사는 가치 사슬에서 위치를 확보하기 위해서는 내부적으로 중요한 기술을 개발할 필요가 있다. 여기서 우리는 전략적 네트워크가 특정한 능력의 획득 및 개선, 변화, 증진된 가치를 향한 높은 힘을 발휘하는 인센티브를 창출하는데 매우 효과적일 수 있다고 주장한다. 여기서 우리의 관심은 이런 주장을 평가하는 것이 아니라 문제를 제기하는 새로운 사고방식을 강조하려는 것이다.

현재 우리의 목적과 관련하여 가장 중요한 것은 우리는 계획된 조직변화가 시장변화로 대체되는 경향을 보았다는 것이다. 때때로 시장 메커니즘은 내부적인 것이다(이런 구조발전의 오랜 역사가 있다). 예를 들어, 성과와 관련된 임금 구조, 전략적 사업

단위의 출현, 성과 관리를 위한 역량에 기초한 모델의 개발, 주식 옵션 계획 등. 우리는 이것들이 시장 메커니즘의 변화를 확보하기 위하여 더욱 더 사용되는 경향을 본다. 전략적 연대, 네트워크, 외주, 규제 완화 등 모두가 시장에 기초한 인센티브를 소개하거나 시도를 격려하는 것이다. 기존의 규정과 분리하여 구매한다는 아이디어는 회사들과 정부에 영향을 미쳤다. 영국과 세계 여러 나라에서, 정부 부처는 각자 홀로 독립된 부처로 전환되었다. 영국의 복지 서비스는 일반 시술자와 함께 병원과 다른 기관에게 우선적인 보살핌을 제공하는 거대한 구매처이며 스스로 지배하는 위탁자로 재조직화 되었다. 마찬가지로, 글락소와 같은 글로벌 기업은 지역 공장에서 생산하여 지역의 공장이 판매하는 형식에서 지역의 공장이 최고의 공급자를 판매자로 자유롭게 선택할 수 있는 형태로 재구성하였다. 확실하게 배당되었던 예산이, 압박감, 교훈, 경쟁의 인센티브 등으로 교체되었다. 따라서 우리는 조직에 대한 전통적인 사고방식에 대해 진정한 의구심을 갖게 된다.

우리는 '지시와 통제'에 기초를 둔 수직적 조직 모델에서 가치와 리더십을 결합하는 보다 정교한 모델로 이동하는 것을 관찰할 수 있다. 그림 2-1은 조직을 보는 이러한 두 가지 견해에 대해 나타내고 있다.

이 두 가지 그림 모두는 내부 또는 외부 '고객'에게 부가가치가 창출되는 방식 또는 진정으로 부가가치가 창출되는가에 초점을 맞추고 있다.

〈그림 2-1〉 조직에 대한 설명

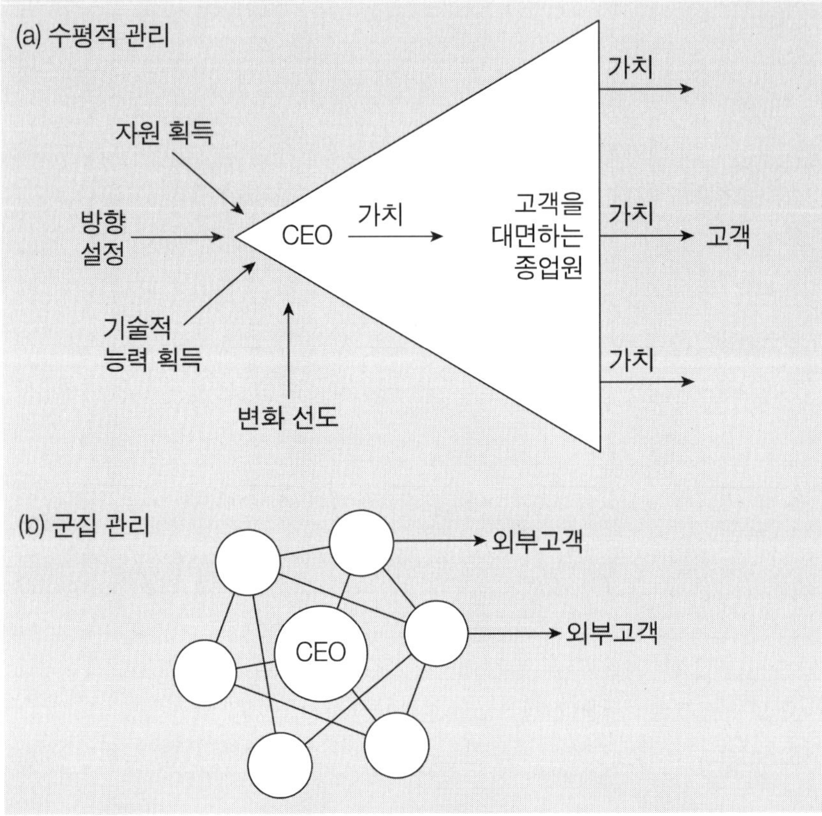

이제, 많은 사람들은 우리가 경제적 활동을 조직화하는 방식에 대한 패러다임 또는 우리의 정신자세를 바꾸는 중이라고 결론을 내린다. 새로운 형태의 조직에 관해 많은 토론과 응용이 시도되고 있다. 네트워크, 가상조직, 재택근무 등은 지속적 관심을 끄는 변형된 형식이다. 우리의 목적을 위해 두 가지 언급할 점이 있다.

1. 우리는 계획된 접근법과 시장에 기초한 방식이라는 변화에 관련된 두 방식이 더욱 더 많이 사용됨을 알 수 있다. 첫 번째 방법에서 우리는 방향, 목적, 단계, 이정표, 변화 방법 등등을 결정한다. 두 번째 방법에서 우리는 특정한 방향, 바람직한 목표, 선호하는 행동 양식 등을 추구하는 사람들에게 인센티브를 준다. 그러나 우리는 이정표 등에는 관심을 적게 둔다. 이 주제에 대해 우리는 다시 언급할 것이다. 그러나 목표와 이정표에 너무 많은 관심을 기울이는 것은 달성 가능한 결과보다 낮은 결과를 낳는 기대감이 형성된다는 것이 일반적인 주장이다. 두 번째 방법에서 우리는 행동의 변화에 인센티브를 주는 수단으로 시장 메커니즘을 확립한다. 우리가 적절한 자원, 정보와 지지를 공급하는 것이 종종 행동의 극적인 변화를 이끌어낸다.
2. 둘째, 가상 조직, 네트워크, 연대 또는 재택근무와 같은 혁신들은 잠재적인 고립 가능성을 보여주고 있다. 따라서 응집력이 중요한 문제가 된다. 만일 전통적인 부서와 구조가 더 이상 존재하지 않는다면, 응집력의 새로운 형태 또는 새로운 출처가 필요하다. 더욱 일반적으로 말해서, 경제학자들은 이제는 사회자본이 성공에 필수적이라 주장한다. 사회자본은 사회적 응집력의 척도로 볼 수 있으며 사회적 유대감, 공유

하는 가치, 그리고 공동의 몰입 등과 강하게 연결된 것으로 볼 수 있다. 만일 이런 것들이 높다면, 우리는 높은 수준의 사회자본을 소유한 것이다. 더욱 더 조각난 조직 세계에서, 사회자본은 성공의 주요한 결정요인이 되고 있다.

두 번째 견해를 더욱 발전시키면, 가상조직의 특징을 다음과 같이 정의할 수 있다.

- 그들은 공유한 비전과 목표 그리고/또는 공동의 운영방식을 갖고 있다.
- 그들은 핵심 역량을 중심으로 그들의 행동을 군집시킨다.
- 그들은 전체 가치 사슬을 통하여 그들의 행동을 실행하기 위하여 핵심역량 팀에서 함께 일한다.
- 그들은 전체 가치 사슬에 실시간으로 정보를 처리하고 분배한다.
- 그들은 규모의 경제를 달성할 수 있는 곳이라면 어디에서든지 또는 새로운 조건이 발생되었을 때 하의상달식 위임을 하는 경향이 있다.

이러한 특징들은 신뢰 관계를 요구하고 촉진한다. 이것이 사회적 자본이다.

이러한 특징들이 다른 환경에서도 일반적으로 가치 있게 보인다는 것은 재미있는 일이다. 합병이 이것을 요구하며 린 생산방식이 이것을 요구한다. 현실적으로 통제와 조정이라는 조직에 관한 수직적 관점에서 부가가치 창출이란 수평적 관점으로 변화된 관심사는 신뢰가 성공의 필수 요소라는 환경을 만든다. Fukuyama (1995)은 이것을 다음과 같이 설명했다.

> … 미래의 가장 적절한 산업조직은 작거나 큰 회사가 아니라 중앙 집중화된 조직이 보여준 고정비용과 다른 많은 비용을 피하는 반면에 규모의 경제의 이점을 공유하는 네트워크 구조라고 주장하는 것이 가능하다. 만일 이것이 사실이 된다면, 높은 수준의 사회적 신뢰를 보유한 사회가 자연적인 이점을 갖게 될 것이다. 만일 네트워크의 구성원들이 협상하고, 판결하고, 집행하는 데 비용이 전혀 들지 않거나 또는 들어도 조금 드는 일련의 비공식적인 규칙을 지킨다면, 네트워크는 거래비용을 현저하게 감소시킬 수 있다. 사업 네트워크의 구성원들 사이의 신뢰가 깨어지는 순간에는 관계와 관련된 자세한 내용들이 기록되어야 한다. …
>
> 저자의 설명: 이 시점이 되면 네트워크는 시장 또는 위계적 조직을 닮는다.

사실, 네트워크를 관리하는 것, 전문 직업을 관리하는 것, 연대와 합작 투자를 관리하는 것, 가상조직을 관리하는 것, 그리고 린 생산 방식을 관리하는 것 모두가 이러한 특징들을 공유한다.

Quinn Mills(191)에 따르면 군집 조직에는 전형적인 조직을 그릴 때 사용하는 네모와 선들이 부적절하다. 네모와 선은 반 자율적인 군집을 대표하는 원으로 대치된다.

필수적으로, 이 구조의 중심에는 BPE가 고객의 욕구들 만족시키는데 사용하는 16개의 엔지니어들의 군집이 있다. 외부의 원은 3개의 위계적으로 조직된 행동들을 포함한다. 즉, 엔지니어링 자원들, 사업 서비스, 기술 등이다. 이런 단위들은 BPE가 필요한 엔지니어링 자원, 사업 서비스 등을 확실히 소유하게 하며, BPE가 고객의 욕구를 확실 만족시키도록 한다. 따라서 예를 들어, 사업 서비스는 프로그램이 전재됨에 따라 합의된 성과 측정 프로그램을 확보하는 군집의 결과물과 고객의 요구가 일치하도록 노력한다. 따라서 사업 서비스는 계정 관리자로 행동한다. 총괄 경영자와 세 명의 담당 관리자(엔지니어링 자원, 사업 서비스와 기술개발)는 핵심 팀을 형성한다. 핵심 팀과 군집 내의 자원들 사이는 위계적인 관계이다. 누가 누구에게 보고하는가보다는 다양한 고객의 욕구를 만족시키기 위해 어떻게 이런 자원들을 구성하는가가 이런 조직들의 초점이다.

주목해야할 또 다른 흥미 있는 점은 세 '부서'의 역할이 고객의 욕구를 충족시키기 위하여 자원을 구성하거나 또는 개발(즉, 적절한 조건의 엔지니어링 자원을 획득하고 올바른 기술을 개발하는 것)하는 것이다. 이것은 학습(학습 조직), 지적 자산 또는 눈에 보이지 않는 자산 등을 개발할 필요가 있다는 인식을 대표하는 것인가? 종종 지적 자산(즉, 조직의 무형 자산)은 재생 및 개발, 고객 지식과 충성도, 그리고 과정에 대한 지식을 포함한다고 제안된다. 스웨덴의 보험과 재무 서비스를 하는 회사들의 선두 중 하나인 Skandia는 지적 자산을 그런 식으로 정의한다.

〈그림 2-2〉 BPE 조직 (Quinn Mills, 1991을 수정함)

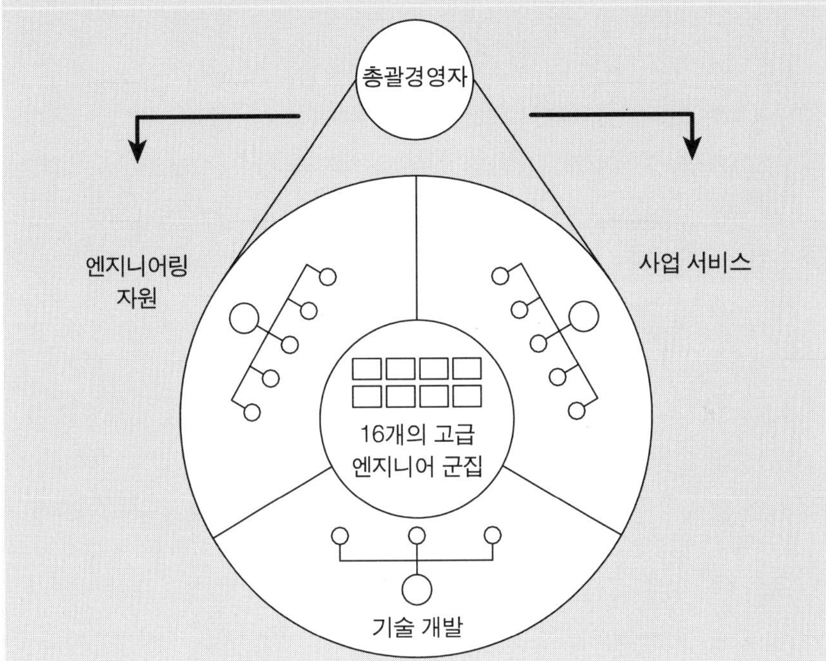

급진적 또는 변혁적 변화

GE의 Jack Welch는 야망과 변혁적 전략을 지닌 업계의 리더로 자주 언급된다. Tichy와 Sherman(1995)은 그들의 책에서 GE를 다음과 같이 묘사했다.

… 회사 관리자들을 특징지을 수 있었던 자신감은 사라지기

> 시작했다. 현 상태대로 십 여 년 더 내버려 둔다면 분명히 이 회사는 또 다른 크라이슬러가 되었을 것이다. 문제를 기다리기보다는 최고경영자는 급진적 변화를 실시하였다. …

그리고 Welch의 말을 직접 인용하였다.

> 문화를 변화시키는 것은 태도와 함께 시작한다. 내가 조직이 스스로 전력을 다해야 하며, 거의 미친 상태가 되는 시점까지 전력을 다해야 한다고 말하는 것에 대하여 당신이 내가 너무 연속극 같이 이야기한다고 생각하지 않기를 희망한다. (Tichy and Sherman, 1995)

'창조적 파괴'라는 슘페터의 주장을 받아들여, 변화의 성공은 새로운 규칙, 비약적인 도약 그리고 통제와 자율성(성과를 요구하는 '사업 수단' 내에서 상대적인 자율성을 강조하는 것)의 균형에 대한 혁신적인 접근이 요구된다.

Welch가 수용했던 널리 알려진 중요한 규칙이 기초를 제공한다. 당신의 영역에서 1등 또는 2등이 되라. 아니면 당신의 사업은 GE의 일부로 남아 있지 않을 것이다. 1등 또는 2등의 시장 점유율을 통한 수입과 이윤은 전략적 선택을 할 만한 충분한 것이었다. 그러나 시장의 리더가 되기 위해 분명한 도전이 요구된다. 뒤에 숨은 자세한 이야기는 재미있다. 시장의 리더가 되라는 규칙 뒤에 다음과 같은 목적이 있었다.

- 평균을 훨씬 상회하는 투자에 대한 실질소득
- 분명한 경쟁적 우위
- 강점의 활용(leverage)

따라서 분석을 통해 전략의 수립이 이루어졌다. 그러나 아래의 한 예가 이 과정에서의 과도한 야망을 설명해 준다.

'워크 아웃'은 1980년대 말에 소개된 종업원 참여와 지속적인 개선 프로그램이다. 그러나 이 프로그램의 활동을 측정하는 척도에 과도한 야망이 담겨져 있다. Tichy와 Sherman(1995)은 '1992년 중반에 이르러서 (GE 전체 종업원의 2/3가 훨씬 넘는 숫자인) 20만 명이 넘는 종업원들이 워크 아웃을 경험했다고 말했다. 어떤 날에는, 아마도 20만 7천명이 관련된 프로그램에 참여하고 있었다.'고 주장했다.

실용적인 목표를 추구하는 대신에, 이 회사는 변화, 과정 및 지속적 개선, 고객만족, 그리고 동업자 정신 등에 초점을 맞추었다. 위에서 언급한 저자들이 말했듯이, 하드웨어에서 소프트웨어로 다시 초점을 맞추었다. 즉, 사람과 조직 개발이 필요하다는 견해로부터 새로운 기술개발을 통해, 새로운 가능성에 대한 깨달음의 발전을 통해 새로운 '게임 규칙' 개발 즉, 사업 모델에 대한 새로운 사고방식을 향해 움직이는 것이다. 조직발전을 위한 간섭은 외부 사람에 의해서 조직에 응용되기보다는 회사 내부에서 출현하였다. 그것들은 강력하며, 높은 위험도를 포함하며, 오랜 시간을 소비하는 것이 되었다. 그것들은 인지적인 수준에서 단순히 행동적인 것으로 움직인 것이 아니라 사업모델에 대한 새로운 형태의 토론, 새로운 형태의 사고방식으로 움직였다. 만일 국내 가전 사업이 주문을 받아서 물건을 배달하는데 들어가는 시간을 75% 감소시켜 고객에게 하루 만의 배달을 보장할 수 없다면, 새로운 사고방식이 분명히 필요한 것이다. 그러나 GE는 워크아웃의 성공을 계속 쌓아 나아가 GE의 전체 중견 관리자들이 '변화관리자'가 되어버린 '변화관리 프로그램'을 개발하였다. 이 프로그램이 가속적인 변화에 초점을 맞춘 근본적인 개발의 기초가 되었다.

그런데 우리는 야망의 정도를 어떻게 평가할 것인가에 대해 분명하지 않다. 과도하게 야망이 많은 것에 대한 위험은 없는가? 분명히 중역들은 때때로 과도하게 야망에 찬 시장 계획을 세운다. 마찬가지로 분명한 것은 우리가 어느 주어진 상황에서 너무 많은 변화를 처리하려 할 수 있다는 것이다. 그리고 우리가 보아왔던 것처럼, 만일 당신이 통제와 자율의 균형을 올바로 유지할 수 있다면 지속적인 개선을 추구하는 위해 대규모의 노력을 움직일 수 있다는 것이다. 이에 대해 Hampden-Turner(1990)는 부분적인 해답을 제공하고 있다.

그는 가치창조는 가치를 찾아내는 것을 포함하고 있다고 주장한다. 제품은 두 종류의 가치를 가지고 있다. 단위당 가치 또는 현재와 미래에 다른 제품에 주는 그 제품의 가치를 나타내는 시장 가격과 총합적 가치이다. 여기서 우리는 GE의 지렛대(leverage) 혹은 균형화라는 아이디어를 볼 수 있다. 다른 말로 표현하면, 측정할 수 있는 어떤 변화와 관련된 아이디어도 너무 야망에 차 있다고 할 수 없다. 이것은 너무 과장된 표현일 수 있다. 평가할 수 있는 변화는 조직 전체에 향상된 가치로 쏟아져 내리는 가속 효과를 낳게 된다는 것이 핵심이다. 또 다시 GE를 참조해 보면, 워크 아웃은 원래부터 평가할 수 있었다. 그러나 그 자체가 결과적으로 후속적인 '변화관리' 프로그램을 통한 가속된 변화의 기초가 되었다. 그리고 가속 효과는 GE와 다른 곳에서 보여준 학습을 분명히 포함한다. 어떤 경우든 이것은 조직과 사업 모델에 대해 '재고하는' 것을 포함한다.

McGrath와 MacMillan(2000)은 불확실성을 극복하기 위한 '기업가 정신'의 필요성에 대해 언급했다. 그들에게

> 불확실성은 생산적인 자원들의 새로운 조합을 만들어서 이익을 창출하는데 필수적인 것으로 여겨졌다. 왜냐하면 다른 사람들에게는 분명하지 않은 기회를 지각하여 그것에 자본을 투자하는 것으로부터 이익을 창출할 수 있기 때문이다.

그들은 한 걸음 더 나가, 이것은 일반적인 새로운 사업 모델이 오래된 사업 모델을 대체함에 따라 슘페터의 '창조적 파괴'라는 아이디어를 포함한다고 주장하였다. 전략가들의 직무는 '오래된 모델이 우리에게 주는 교훈 중 최고를 심지어는 매우 불확실한 조건하에서도 빠르게 느끼고, 행동하며, 동원하는 능력과 융합시키는 것'이라고 주장한다.

이것을 실행하는 어떤 방법론도 특정한 변화 프로그램에 내재된 야망의 정도를 분석하는 데 우리에게 도움을 줄 것이다. 그들이 어떤 도구를 제안하는가?

1. '프로젝트팀'의 성공의 핵심 지표로서 능숙함 – 개인의 자신감, 다른 사람들의 능력에 대한 팀의 자신감, 정보의 흐름(예: 사람들이 그들이 필요한 정보를 소유하는 수준, 사람들이 정보를 필요로 하는 때, 그리고 피드백의 질) 수준을 본다.
2. 예산, 마감일, 비용, 표준, 서비스 목표, 고객 만족 등의 측면에서 출현하는 역량
3. 프로젝트가 주는 '분명한 가치'의 잠재성
4. '분명한 운영의 결핍'에 대한 잠재성
5. 레버리지(leverage) – 그들의 용어를 다시 이용하면 – '프로젝트'가 현존하는 자원과 능력을 균형화 할 수 있게 하는 정도.
6. 지속성 있는 경쟁적 우위의 출현 – 두 개의 그들 지표의 혼합. 그들은 그런 지표를 사용하지 않지만 그들은 실질적으로 그것을 주장한다. 따라서 우리가 자원과 재능의 비율적이지 않은 분배라고 결론짓는다.

분명히 마중의 견해는 딜레마이다. 그러나 마찬가지로 분명한 것은 '프로젝트'가 야심에 찰수록 비비율적인 자원과 재능의 분배에 대한 더 많은 합리화를 할 수 있다는 것이다. 위의 일부

(특히 3, 4, 5,6 번)는 GE의 시장에서의 리더십 규칙을 지지해 주는 생각에 의해 강하게 영향을 받은 것처럼 보인다. 이들 저자들은 우리에게 저자 중의 한명이 GE의 워크 아웃 프로그램과 4년간 일했다고 말해 주었다.

Martin(1995)은 지속적인 개선 과정(예들어, 카이젠과 TQM)과 그가 가치 흐름의 재창조 또는 '회사의 엔지니어링'이라고 다양한 명칭을 사용한 것 사이의 차이를 구분했다. 그는 후자는 10%의 개선이 아니라, 10배의 개선을 위한 노력이라 주장한다. 그는 대출신청의 처리가 17일 걸리던 것을 처리 기간을 2일로 감소시켰으며, 연간 33000에서 200000 건 사이의 대출을 처리하면서도 오류의 비율을 감소시킨 은행을 한 예로 든다. 그러나 조직 내에서 기술의 응용이 다른 변화와 합쳐져서 '획기적인 변화'를 창출해 낸 예가 많이 있다. 이런 예는 포드, GE, 월마트, 시티코프, IBM, 듀퐁 등 많은 기업에서 찾아 볼 수 있다.

궁극적으로, Martin은 획기적인 변화는 조직이 '학습하는 실험실'이란 개념을 받아들인 곳에서 제일 잘 달성될 수 있다고 결론지었다. 그는 공식적으로 이것을 정의하지는 않았다. 그러나 핵심적인 그의 개념은 네 가지 지식의 '전체적인 통합'을 하는 회사라는 개념이다.

- TQM, 카이젠, 그리고 다른 문제해결 활동으로부터의 지식
- 사전조사, 연구, 실험, 혁신 등으로부터의 지식
- 통합된 외부지식

- 통합된 내부지식

또한 그는 급진적인 변화는 전체 시스템으로서의 경제적 활동들에 대한 더욱 효과적인 이해를 통해 달성될 수 있다고 주장한다. 그는 공급 사슬에서 조직들은 복잡한 행동망 속에 있으며, 종종 그런 망 내의 결과는 직관과 반대된다고 주장한다. 국제적인 운송회사의 최고경영자로부터 들은 다음 이야기를 예로 들 수 있다. 그는 한 항구에 있는 회사를 담당하였다. 그는 매일 미국으로부터 오는 물건을 배로부터 하역하였다. 매일 하역비용만도 백만 파운드였다. 그는 '체적 시간'(하역된 물건이 항구에 남아 있는 시간)이 5일이었다고 말했다. 그는 체적 시간에 초점을 맞추어서 선적되어 들어오는 빈도를 이틀에 한 번으로 감소시킬 수 있었으며, 따라서 그는 큰 비용을 절감할 수 있었다. 그가 처음 이것을 제안했을 때, 이것이 고객에 대한 서비스를 감소시킬 것이란 이유로 크게 반대하였다. 그러나 그는 '체적 시간'을 감소시킴으로서 고객 서비스를 직접적으로 강화했으며 절감된 비용의 일부를 고객 서비스 강화에 투자할 수 있었다.

논의의 여지가 있지만, 우리가 토론하고 있는 것은 내·외적으로 불연속성을 이해하고 활용하는 것에 대한 것이다. Gilbert와 Strebel(1989)은 '회사가 명시적으로 제품의 리더십과 비용의 리더십을 동시에 얻는 회사의 명시적 능력'으로 정의하는 '앞서나가기'의 아이디어를 언급했다. 사실 그들은 급진적 변화를 달성하려는 사람들은 전통적인 한걸음씩 나가는 전략을 수용할 수 없다고 주장한다. 전통적으로 함께 존재할 수 없다고 보였던 방식을 통합할 수 있는 사람들이 급진적 변화의 성공을 달성할 수 있다. 이것이 경쟁자의 속도를 추월하는 변화가 되는 경향이 있다. 결국 이것이 산업 또는 각 분야의 '게임의 규칙'을 변화시킨다. 그들은 성공하는 100개의 회사를 관찰한 결과 성공하는 조직의 다음과 같은 공통된 능력을 찾아냈다.

- 혁신하는 능력
- 경쟁력 있는 물건을 만들어 전달하는 능력
- 경쟁력 있는 가격에 그렇게 할 수 있는 능력
- 이러한 움직임을 동시에 할 수 있는 능력

그들은 이것을 닌텐도의 사례를 들어 설명하였다. 손에 들고 게임할 수 있는 제품을 개발하여 판매할 수 있는 능력을 통해 1983년에 10위 안에도 들지 못했던 그들은 1988년에 세계 최대 완구 제조업체가 되었다. 젊은이에게 매력적인 손에 들고 게임할 수 있는 좋은 화질의 게임기를 개발할 수 있는 능력, 공급 조정을 통한 비용의 감소와 경쟁력 있는 가격 등을 동시에 달성할 수 있는 능력이란 측면에서 그들은 이것을 설명하고 있다. 또한 베네통과 IKEA의 성공을 설명하는데도 유사한 결론이 제공될 수 있다.

여기서 중요한 주장은 성공적인 급진적 변화는 균형, 통합 그리고 동시 행동을 요구한다는 것이다. Ansoff와 McDonnell

(1985)은 미국과 일본의 의사결정 모델을 비교한 결과 일본의 관리자들은 평행적인 행동을 진행한다. 즉 최종 의사결정을 내리기 전에 미국의 관리자들은 그 시점에 하지 않을 실행을 시도하며, 따라서 의사결정에 더 많은 압박감을 가하며, 종종 의사결정에 덜 몰입하며 실행이 덜 효과적인 결과를 낳는다. 이것은 Clark (1995)의 결론과 일치하는 것이다. 그는 지식을 제일 중요시 여기며 불확실하고 복잡한 환경 하에서 운영되는 조직은 계획, 명령, 통제에 의해 관리될 수 없다고 했다. Rubinstein나 Firstenberg (1999)와 같이 그들은 지나치게 많은 계획을 진정한 약점이라 생각했다. Clark에게는 '동시에 진행되며 값이 싼 다양한 조건에 대한 탐색'과 너무 열심히 하지 않도록 하려는 것이 해답이었다. 거대한 전략을 통해 그들에게 조건을 부여하기보다는 밑에서부터 위로 발전시키는 것이다. Rubinstein과 Firstenberg는 문제를 찾는 것에 더 많은 노력을 경주하는 것은 문제를 해결하는 노력은 떨어지게 되며, 발전 주기 초반의 많은 변화는 후일의 적은 변화를 의미하는 것이라 했다. 다시 한번, 이런 아이디어는 서로 중복 되는 것처럼 보인다. 그러나 Gilbert와 Strebel(1989)은 사업에 필요한 분야의 역량이 동시에 변화하는 것에 초점을 맞추고 있다는 것이 주목해야 할 중요한 차이점이다.

이 모든 것은 시간에 기초한 경쟁과 이를 동반하는 엔지니어링을 생각하게 만든다. 물론 이것은 지난 세기에 20여 년 정도 지속된 서구의 제조업에 대한 광범위한 비판의 대상이 되었다. 그 예로 Clark와 Fujimoto(1991)의 연구가 있다. 그들이 경제의 모든 부분을 위해 중요한 것으로 결론지은 주제를 주목해야 한다.

1. 시간, 생산성, 품질이란 측면에서 제품 개발의 뛰어난 성과를 달성할 필요성
   - 계획에서 완성까지의 시간
   - 주요한 차별 요인으로서의 생산성
   - 전체적인 제품의 품질 및 순수성, 즉 제품을 만드는 전체 시스템과 제품 전체 생존기간의 측면에서
2. 다음과 같은 측면에서 개발과정의 통합
   - 의사소통
   - 조직
   - 다양한 규칙 하에 근무하기
3. 고객과 제품의 통합
   - 믿을 만한 제품 관리
   - 고객에 대한 접근과 고객 지향성
   - 개념에 의한 리더십
4. 디자인을 위한 생산, 즉, 세계 수준의 성과내기

이것은 '통합'이란 단어로 언급된 내·외적인 열쇠를 앞질러 가는 것이다.

변혁적 변화과정

첫 번째 실행지침은 변혁적 변화를 처리하는 능력을 기르기 위하여 조직이 무엇을 해야 할 필요가 있는가와 관련되어 있다. 우리는 다음과 같은 네 개의 핵심 영역을 발견했다.

1. 부가가치를 높이는 구조를 창조하기
2. 효과적인 통합을 창조하기
3. 시장의 리더십을 추구하는데 있어서 시장에 대한 반응성을 달성하기
4. 학습문화를 창조하는 능력

실행지침의 아이디어는 당신이 이상에 언급된 내용을 따라 사고를 개발하는 과정을 포함하고 있다. 한 예로, 전략 개발과정이 2~3개의 기법을 포함하여 아래에 설명되고 있다.

아이디어 워크숍

첫 번째 개념은 사업을 전진시키는 방법에 대한 아이디어를 평가하고 조직화하는 것에 대한 것이다. 당신은 전형적으로 아이디어 워크숍을 조직하고, 이 워크숍의 목적은 브레인스토밍, 철저하게 검토해 보기, 그리고 사업을 전진시키는 방법과 관련된 아이디어의 우선순위를 정하는 것 등이다. 참석자들은 조직 내에서 핵심인력에 해당되는 사람들이다. 종종, 조직 내 선두주자, 진

정으로 잠재성이 있는 사람 등이 섞여 있다. 일반적으로 현 사업이 포함하고 있는 자료의 출처를 이용한다. 예를 들어, 영업사원의 피드백, 고객만족 자료, 모든 종업원에게 전자우편을 통해 요구 했던 아이디어 등 워크숍에서 핵심 참가자들은 사업의 한 부분을 분담하여 현재의 성과, 성공의 핵심 요소들, 문제와 쟁점들, 그리고 개발을 위한 아이디어 등에 관해 발표 한다. 참가자들은 브레인스토밍을 하고, 그들의 아이디어를 발표회에서 나온 아이디어와 통합하고 조직화 한다. 이때 플립 차트, 포스트 잇, 매트릭스(그림 2-3) 등을 이용한다.

〈그림 2-3〉 아이디어 워크숍 매트릭스

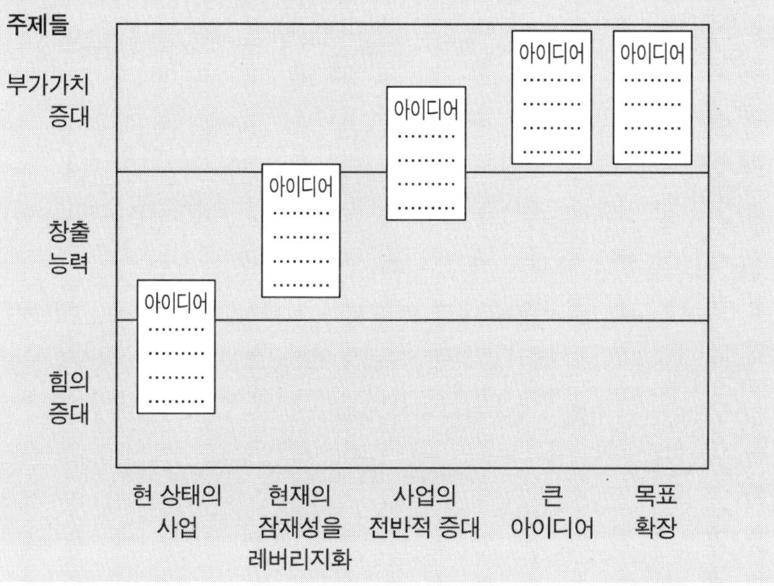

〈그림 2-4〉 우선순위 평가

이제, 우리는 두 차원으로 조직화 된 한 쌍의 아이디어를 갖고 있다. 하나는 우리가 현재 하고 있는 것을 더 많이 하는 것 — 일상적인 사업영역 — 으로부터 급진적으로 성장하는 사업에 이르는 차원이며, 다른 한 차원은 현재의 사업을 이용해서 힘을 키우는 것을 포함한다. 이것은 현재 사업 내에서 힘을 키울 수 있는 능력을 창출하거나 또는 사업에 중요한 부가가치 증대를 가져올 새로운 아이디어로 완성되는 전혀 새로운 사업을 개발하는 것이다. 즉, 새로운 제품/서비스, 새로운 시장과 통로, 새로운 사업 모델 등을 예로 들 수 있다.

다음 단계는 우선순위를 평가하는 방법을 이해하는 것이다. 그림 2-4의 매트릭스는 우리가 그 문제를 생각하는 데 도움을 줄 수 있다.

다시 한 번 우리는 포스트 잇을 사용하여 아이디어를 이 매트릭스에 정리할 수 있다. 긴급함은 사업의 수익성이나 위험관리와 연결될 것이다. 어려움은 능력의 문제, 변화관리와 연결된다.

이 두 분석을 완성하면, 아이디어를 프로젝트팀에서 수행하게 될 핵심 주제로 확고하게 만들기 위한 여과과정을 거친다. 그 과정을 어떻게 사용할 것인가에 대해 다음 장에서 알아보기로 한다.

전략적 성과를 평가하기

당신의 조직이 증대시킨 가치를 알아 볼 때 사용할 수 있는 질문으로 구성된 조사표가 여기 있다.

시장 주도의 문화와 학습 조직

- 우리는 시장정보(고객, 경쟁자, 기술, 경제와 규제 변화)를 수집하기 위한 분명하고 쉬운 과정이 있는가?
- 우리는 정보를 수집하고, 공유하고, 해석하는 효과적인 절차가 있는가?
- 우리는 학습조직인가? 즉, 경험으로부터 지식을 얻고, 새로운 아이디어를 테스트하고, 현재의 지식을 지렛대로 사용하며, 새로운 아이디어에 개방적인가?

가치와 관련된 제안을 결정하기

- 탁월한 고객 가치를 만들어낼 분명한 전략이 있는가? 그것이 결과를 보여주는가?

- 우리가 고객의 이익을 만들어 주는데 몰입하고 있는가?
- 우리의 가치와 관련된 전략은 고개의 욕구와 선호도 변화에 적응하고 있는가?

능력에 대한 경쟁

- 우리의 능력에 대한 분석을 했는가?
- 우리의 능력이 복제하기 어려운가?
- 우리의 강점을 강화시킬 전략이 있는가?

관계를 만들기

- 우리는 영향을 미치는 사람들, 즉, 고객, 공급자, 동업자, 그리고 경쟁자 등과의 관계를 정규적으로 검토하는가?
- 우리는 관계를 맺을 동업자를 평가하고 선발하는 절차를 소유하고 있는가?
- 우리는 회사 전체를 통해 내적 관계를 개발하는 프로그램을 소유하고 있는가?

조직의 재발견

- 우리는 조직설계가 작동하지 않을 때를 강조하기 위한 성과지표가 있는가?
- 우리 조직의 계층이 낮아지고, 좀 더 과정 중심적이며 다른 조직과 네트워크를 형성하고 있는가?
- 경쟁력을 증가시키기 위하여 조직설계의 변화가 필요한가?
- 조직의 현실에 기초한 능력과 역량을 개발하는 것에 대한 의사결정을 하는가?

3 Chapter 실행지침에 대한 진단

통찰력 있는 변화진단을 달성하기
기능적 분석 실행지침
분석 연습
조직 분석 연습
조직 개선 연습
분석 연습
사례연구: Money Matters plc

통찰력 있는 변화진단을 달성하기

우리는 다음과 같은 아이디어를 위하여 변화진단 또는 조직진단을 실시한다.

1. 방향을 설정하기 위하여 – 비전, 전략, 시장 진입 경로, 고객의 특성, 시장 내 위치설정, 사업 모델 등
2. 개인 또는 집단의 노력을 이용하기 위하여 – 고용, 면접, 피드백, 몰입, 의사소통
3. 필요한 능력을 찾기 위하여

우리는 확실한 자료와 정보에 기초한 선택을 만들어내는 방식으로 이러한 일들을 하려한다. 이것을 하기 위하여 우리는 면접, 설문지, 초점 집단 등과 같은 도구를 사용할 필요가 있으며, 우리는 현재 존재하는 자료(예: 성과관리 체계로부터 얻는 자료)를 숙지하고 이용해야 할 필요가 있다. 그러나 자료를 수집하는 것과 수집된 자료를 재치 있게 사용하는 것은 전혀 다른 일이다. 원활한 활용을 위해서 우리는 자료를 이용하여 공유하는 의미를 만들어낼 필요가 있다. 우리가 진단과 문제해결을 시도할 때, 동일한 언어를 사용하고 있다는 것을 확실히 하기 위하여 우리는 이렇게 해야 한다. 목표는 확실한 진단이다. 확실한 진단은 다음

과 같은 것을 요구한다.

- 지속적이며 투명한 과정
- 논쟁과 갈등의 관리
- 신뢰와 존경의 구축
- 위급하단 느낌의 창조
- 고용과 정렬

우리는 이 모든 것을 제5장에서 취급할 것이다. 제5장에서 우리는 변화설계에 대하여 이야기 할 것이다. 그러나 확실한 분석은 또한 증거를 요구한다. 우리는 무엇을 측정해야 하는지를 알아야만 한다. 본 장에서 우리는 변화 진단을 위해 쉽게 사용할 수 있는 도구를 알아본다. 그렇게 하기 전에, 우리는 한 번에 한 도구씩 차례로 설명하면서 4장에서 사용하는 사례연구인 Money Matters plc라는 회사에서 그 도구를 응용한 사례를 설명한다는 것을 알아주기 바란다. 더 진도를 나가기 전에 지금 그 사례를 읽기를 권한다.

기능적 분석 실행지침

이 도구들은 당신이 조직의 강점과 약점을 찾아내기 위해 내부의 분석에 초점을 맞추게 도와준다. 이것은 당신이 조직의 능력과 자원을 찾을 수 있게 해 주며, 얼마나 조직이 그것들을 잘 이용하고 있으며, 변화하는 환경의 압력에 조직이 얼마나 효과적으로 적응하고 있는가를 알아낼 수 있게 해 줄 것이다. 이 도구는 세 부분으로 되어 있다.

1. 기능적 분석
2. 조직 진단
3. 조직 개선 분석

이 부분을 읽는 독자는 당신 회사의 주요한 기능적 요소에 초점을 맞추기 바란다. 예를 들어, 사람, 마케팅, 재무, 생산/서비스, 그리고 사업/회사 개발 등이다. 각 절은 하나의 기능적 요소를 다루고 있으며 각 요소와 관련 있는 요인들에 관한 점검표를 포함하고 있다. 당신은 각 요인들이 회사의 목표달성에 기여하는 정도를 퍼센티지로 평가해야 한다. 평가한 숫자를 점수란에 기록한다. 그리고 의견란에 이 점수를 준 이유를 첨가한다.

예를 들어, 요인 1은 임금과 관련하여 종업원과 회사 사이의 관계에 관심이 있다. 만일 많은 종업원들이 그들이 받는 임금이 부적절하다고 느끼거나 또는 성과 증진과 임금 사이에 분명한 관련성이 없다고 느낀다면, 당신은 회사의 목표가 임금제도에 의해서 부적절하게 지원을 받는다고 결론지을 것이다. 우리는 그러면 예를 들어 50%라는 점수를 입력하며, 의견란에 그 점수에 대한 주요한 이유를 기록한다.

기능적 분석 – 사람 문제

Toolkit

요인	점수	의견
1. 임금제도의 설계 및 운영		
2. 승진과 경력개발의 기회		
3. 훈련과 개발		
4. 인사고과의 효과성 – 공식 체계인지 여부		
5. 종업원의 기술과 경험		
6. 종업원의 선발과 배치에 대한 회사의 정책		
7. 조직과 회사 내 노조와의 관계		
8. 종업원이 최고의 성과를 보이도록 동기부여 되고 격려되는 정도		
9. 종업원들이 직무를 수행하는 데 제공되는 정보의 질		
10. 전략적 결정이 만들어져서 실행되는 과정에서 인적자원이 고려되는 정도		
사람 문제 평균	________	

기능적 분석 – 재무

Toolkit

요인	점수	의견
1. 예산 준비의 효과성		

Toolkit

2. 예산 준비에 핵심 스텝의 참여 수준		
3. 단위 부서의 예산과 전체 예산 사이의 일관성 정도		
4. 재무적 예산과 전략적 계획 사이의 일관성의 정도		
5. 관리적 통제의 효과성		
6. 관리자들이 관리 정보를 이용하는 정도		
7. 문제를 해결하기 위하여 관리자들이 수정하는 행동을 하는 정도		
8. MIS 정보가 성과 증진을 달성하기 위하여 사용되는 정도		
재무 평균	________	

기능적 분석 – 마케팅

Toolkit

요인	점수	의견
1. 각 제품/서비스 집단(또는 부분, 단위)의 판매와 이익에 대한 기여도 (집단, 부분, 단위별로 분리해서 이 질문을 해결해도 된다)		
2. 각 제품/서비스 군의 시장 위치 ‣ 시장 점유율 ‣ 성장률 ‣ 성숙도		
3. 다음 사항에 대해 이 조직이 효과적으로 경쟁하는 정도는		

Toolkit

‣ 가격 ‣ 질 ‣ 서비스 ‣ 배달 4. 경쟁자와 관련된 우리 지식의 정도 및 질 5. 시장 조사의 사용과 그것이 제품개발에 주는 영향		
마케팅 평균	______	

기능적 분석 – 생산/서비스

Toolkit

요인	점수	의견
1. 마케팅 부서와 생산/서비스 부서 간의 협동 수준		
2. 마케팅, 재무 등에서 접수된 정보가 이 기능을 관리하는 데 유용한 정도		
3. 다음 분야에서 관리층의 장기적 동향에 대한 이해 ‣ 비용 ‣ 생산성 ‣ 자원의 활용 ‣ 기술		
4. 관리층이 비용을 통제할 수 있는 정도		
5. 결과, 판매, 그리고 현금 측면에서 재고의 수준 (원자재, 생산중의 재고, 완성품 재고)		
6. 공장, 장비, 그리고 시설물의 적절성, 나이, 그리고 보수 상태		

Toolkit

요인	점수	의견
7. 공장, 장비, 그리고 시설물 사용의 유연성		
8. 스텝의 유연성		
9. 투자의 수준(산업의 평균에 비교한)		
10. 생산/계획의 효과성		
생산/서비스 평균	________	

기능적 분석 - 회사/사업 개발

Toolkit

요인	점수	의견
1. 사업 개발에 대한 회사의 투자		
2. 시장과 경쟁적 압력에 대해 빠르게 반응하는 회사의 능력		
3. 새로운 제품/서비스를 이용하는 능력		
4. 조직이 제품/서비스 개선 기회를 추구하는 정도		
5. 개발과 시장, 생산, 재무, 디자인 등과의 통합		
6. 조직이 개발 목적으로 외부의 자원을 이용할 수 있는 정도, 예를 들어, 합작투자 대학, 컨설턴트		
회사/사업 개발 평균	________	

분석 연습

앞에 언급한 다섯 분야 각각에 대하여 평균점수를 계산해보라. 각각의 점수에서 이 평균점수를 빼서 플러스 또는 마이너스 퍼센트를 표기하라. 음수는 약점을 양수는 강점을 나타낸다. 따라서 5개 각 영역에 대하여 강점과 약점의 리스트를 만들 수 있다.

다음 우선순위는 5개의 기능적 영역 전체에 초점을 맞추는 것이다. 65% 이상의 평균 점수를 보이는 분야는 강점인 분야로 생각할 수 있다. 평균 점수가 65% 이하인 분야는 반드시 검토되

기능적 분석 - 약점, 강점, 그리고 우선분야

Toolkit

약점
a
b
c
d
e

강점
a
b
c
d
e

우선분야
a
b
c
d
e

어야 한다. 이 기준 점수는 약간은 자의적인 것이다. 우리는 심각한 개선의 잠재력이 있는 영역에 초점을 맞추고자 한다. 당신은 이제 약점, 강점, 우선분야, 3개의 리스트를 갖고 있어야 한다.

제4장에 나오는 사례연구 대상인 Money Matters plc사에서 면접에 응한 40명의 관리자들의 평균 '점수'는 다음과 같은 완성된 형식으로 만든다. 첫 번째 칸에 언급된 요인의 계산점수에서 평균점수를 뺀 점수를 기록한다.

Money Matter plc – **사람 문제 점수**

Toolkit

요인	점수–평균점수	점수	의견
1.	(–12.5%)	40%	인센티브가 작용하지 않는다. 기본임금이 너무 낮다. 관리자들을 위한 인센티브 제도가 계획되고 공표되었으나, 실시되지 않았다.
2.	(7.5%)	60%	특히 대학원을 졸업한 훈련자들에게 해당됨. 지역에서 충원된 스텝은 해당되지 않음. 그런 모든 사람에게 공개된 국가적 제도가 만들어져 있음.
3.	(–2.5%)	50%	Off-JT가 아주 우수하다 생각됨. 그러나 잘 조직화되지 못함. 은행 제도에 대한 OJT가 아주 미흡해 보임.
4.	(22.5%)	75%	인사고과는 잘 개발되어 있으며 효과적인 것처럼 보임.
5.	(27.5%)	80%	아주 우수함. 그러나 완전히 활용되지 않음.
6.	(12.5%)	65%	좋음
7.	(2.5%)	55%	좋음
8.	(–17.5%)	35%	'판매문화'를 만들려는 움직임, 열악한 작업조건, 경쟁력이 없는 임금제도가 스텝들의 동기를 떨어뜨림. 낮은 권한위임이 핵심 문제임.

9.	(−22.5%)	30%	자료가 너무 많음. 정보가 너무 많음.
10.	(−32.5%)	20%	'종업원들의 충성심을 착취하는' 것으로 여겨짐. 최고 관리자가 종업원들을 고려하는 것으로 지각되지 않음.
사람 문제 평균			52.5%

사람문제의 강점과 약점은 다음과 같다.

강점	약점
승진/경력 개발	임금체계
인사고과	훈련
스템의 기술/경험	동기부여
선발 및 배치	정보
노조와의 관계	계획

평균점수가 65% 미만이면 개선을 위한 우선순위 영역으로 표시한다. 자료를 좀 더 자세히 검토하면 최소한 하나 이상의 모순이 있다. 경력 개발/승진에 대해 관리자들은 강점으로 보고 있는 반면에, 아직도 훈련과 개발은 약점으로 보고 있다. 그러나 이러한 강점은 최고 점수와 그 차이가 많이 나고 있다. 이러한 결과는 적절한 것이다. 왜냐하면 인사고과 체계에 의해서 많은 지원을 받으며 전국적으로 동일하게 운영되고 있는 경력 개발/승진 체계에 대해 관리자들이 지적하고 있는 점이기 때문이다. 오랜 기간 동안 극히 제한된 훈련을 실시하다가, 지금은 리더십 기

술, 관리 기술, 판매기술 등에 관련된 광범위한 Off-JT가 진행되고 있다. 불행하게도 훈련에 참여한 사람을 대신할 충분한 인원의 보충 없이 훈련이 이루어지기 때문에 광범위한 훈련 프로그램이 많은 지점에게 압박을 가하고 있다. 더욱이, 관리자들과 스텝들은 지점 수준에서 은행 기법에 대한 OJT가 없다고 생각하고 있다. 한 스텝은 '이제는 실수하는 것이 용납되고 있다'고 말했다.

일부는 임금체계와 일부는 열악한 작업 조건 때문에 동기부여가 주요한 약점으로 평가된다. 또한 스텝에 대한 부적절한 권한위임에 대한 분명한 증거가 있다. 이것이 스텝들의 만족을 감소시키며, 그 자체가 동기를 감소시킨다. 처음 고객을 맞이하는 스텝에 대한 부적절한 권한위임은 종종 고객에 대한 반응을 지연시키는 결과를 낳으며 고객의 불만을 증가시킨다. 또한 이것은 스텝이 직무를 수행하며 지식을 발전시킬 기회가 적다는 것을 의미한다.

주어진 사례 자료에 대한 간단한 요약은 관리 스타일, 권한위임, 직무의 배치 등을 검토함으로 많은 개선이 이루어질 수 있다는 것을 분명하게 제시하고 있다.

조직 분석 연습

다음의 설문지는 당신이 당신 조직의 여러 관련된 분야들이 얼마나 잘 운영되고 있는가를 결정하는 것을 도와주도록 설계되어 있다. 다음 설명을 부서 또는 부문 내의 당신에게 적용했을 때 얼마나 찬성하는지 또는 반대하는가를 7점 척도를 이용하여 평가해 보자. 적절한 숫자에 동그라미를 해보자.

Toolkit

조직 진단 – 찬성 척도

1 강하게 동의함	2 동의함	3 조금 동의함	4 중립	5 조금 반대함	6 반대함	7 강하게 반대함

아래 설문에 응답하는 데 최대한 솔직해야 한다. 이것은 시험이 아니며 정답이 있는 것도 아니다. 당신이 당신에 대해 결정하는 것만이 정답이다.

1.	나는 이 조직의 목적을 이해한다.	1 2 3 4 5 6 7
2.	일이 효과적으로 조직화되어 있다.	1 2 3 4 5 6 7
3.	관리자들은 항상 아이디어를 경청한다.	1 2 3 4 5 6 7
4.	나는 잠재력을 최대한 개발하도록 격려 받았다.	1 2 3 4 5 6 7
5.	나의 직속상사는 나와 우리 작업집단에 유용한 아이디어를 갖고 있다.	1 2 3 4 5 6 7
6.	나의 직속상사는 내 일을 지지해주며 도와준다.	1 2 3 4 5 6 7
7.	이 조직은 정책과 규정이 적절하며 최신의 것이다.	1 2 3 4 5 6 7
8.	우리는 정규적으로 우리의 목적을 달성한다.	1 2 3 4 5 6 7
9.	이 조직의 목표와 목적은 분명히 알려져 있다.	1 2 3 4 5 6 7
10.	직무와 권위 체계가 유연하다.	1 2 3 4 5 6 7
11.	일과 관련된 문제가 있으면 나는 직장에 있는 누군가와 항상 이야기 할 수 있다.	1 2 3 4 5 6 7
12.	내가 받는 월급은 내가 하는 일과 비례한다.	1 2 3 4 5 6 7
13.	나는 탁월한 직무를 수행하는 데 필요한 정보와 자원을 모두 갖고 있다.	1 2 3 4 5 6 7
14.	원로 관리자들이 채택한 관리 스타일은 유용하며 효과적이다.	1 2 3 4 5 6 7
15.	우리는 우리의 일하는 방식을 지속적으로 검토하고 개선한다.	1 2 3 4 5 6 7
16.	사람들이 몰입되어 있기 때문에 결과를 얻는다.	1 2 3 4 5 6 7
17.	나는 내가 하는 일에 의해 동기부여 된다고 느낀다.	1 2 3 4 5 6 7

18.	타당하며 분명한 방식으로 직무를 분할한다.	1 2 3 4 5 6 7
19.	작업집단의 다른 구성원들과 관계가 좋다.	1 2 3 4 5 6 7
20.	이 조직에서 승진 기회와 책임감 증가 기회가 있다.	1 2 3 4 5 6 7
21.	이 조직은 현실적인 계획을 세운다.	1 2 3 4 5 6 7
22.	나의 상사는 주기적으로 성과를 검토한다.	1 2 3 4 5 6 7
23.	직장을 바꾸기 위해서 자유를 원하는 경우가 있다.	1 2 3 4 5 6 7
24.	사람들은 비용에 신경을 쓰며 자원을 최대한 잘 활용하려 한다.	1 2 3 4 5 6 7
25.	이 조직의 종업원들은 조직의 우선순위를 이해한다.	1 2 3 4 5 6 7
26.	우리가 일하는 방식을 개선하기 위한 끊임없는 연구가 진행된다.	1 2 3 4 5 6 7
27.	직무를 완수하기 위하여 효과적으로 협조한다.	1 2 3 4 5 6 7
28.	조직 모든 직무와 과업에 대하여 격려와 인정이 주어진다.	1 2 3 4 5 6 7
29.	부서들이 좋은 성과를 내기 위하여 함께 일한다.	1 2 3 4 5 6 7
30.	이 조직의 관리 팀은 효과적이고 영감적인 리더십을 제공한다.	1 2 3 4 5 6 7
31.	이 조직은 변화할 역량을 갖추었다.	1 2 3 4 5 6 7
32.	우리가 하는 일은 항상 필요한 일이고, 이는 효과적으로 진행된다.	1 2 3 4 5 6 7
33.	내가 일하는 부분에서 목표가 분명히 설명되고 각자의 역할이 분명히 규정되어 있다.	1 2 3 4 5 6 7
34.	이 조직이 직무를 구조화하는 방식이 일반적인 만족을 준다.	1 2 3 4 5 6 7
35.	견해 간 갈등은 이해되고 수용되는 해결책에 의해 해결된다.	1 2 3 4 5 6 7
36.	모든 개인의 직무성과는 모두가 동의하는 기준에 의해 검토된다.	1 2 3 4 5 6 7
37.	필요할 때마다 다른 부서의 도움을 받을 수 있다.	1 2 3 4 5 6 7
38.	내 상사의 관리 스타일은 내가 성과를 내는데 도움을 준다.	1 2 3 4 5 6 7
39.	창의성과 직관이 격려된다.	1 2 3 4 5 6 7
40.	사람들이 항상 높은 성과를 내는 것에 관심이 있다.	1 2 3 4 5 6 7

분석

각 문항에 대하여 모든 응답자의 평균을 계산하라. 자료를 분석하는 데 다음과 같은 세 가지 규칙을 사용할 수 있다.

- **규칙** 1. 응답자의 50%가 넘는 사람들이 3 이하의 응답을 한 모든 문항은 이 조직의 강점으로 표시할 것.
- **규칙** 2. 응답자의 50%가 넘는 사람들이 4 이상의 응답을 한 모든 문항은 이 조직의 잠재적인 약점 영역으로 표시할 것. 변화하며 경쟁적인 세계의 조직은 높은 수준의 효과성을 필요로 하기 때문에 중립적인 점수가 포함되었다. 중립적인 반응은 중립보다 낮은 상태를 나타낸다.
- **규칙** 3. 응답자의 30%가 넘는 사람들이 5 이상의 응답을 한 모든 문항은 이 조직의 약점으로 표시할 것. 종업원 설문조사에서 10~15%의 불만족이 보통이란 것을 참조 할 필요가 있다. 응답자의 10~15% 또는 그 이상의 응답자가 5 이상 응답한 문항들을 무시할 수 없는 반면에, 본 규칙은 기준점을 그것보다는 훨씬 높게 잡고 있다. 규칙 3에 의해서 강조되는 어떤 약점도 무시해서는 안된다.

이제 당신은 3개의 목록을 더 갖게 되었다.

Toolkit

조직분석 – 강점, 잠재적 약점 그리고 표출된 약점

1	강점 a b c d e
2	잠재적 약점 a b c d e
3	표출된 약점 a b c d e

다음의 목록은 Money Matters plc사의 사례에 규칙 2와 규칙 3을 응용했을 때 표출된 10개의 잠재적 약점인 문항들이다.

4 나는 잠재력을 최대한 개발하도록 격려 받았다.
12 내가 받는 월급은 내가 하는 일과 비례한다.
18 타당하며 분명한 방식으로 직무를 분할한다.
21 이 조직은 현실적인 계획을 세운다.
28 조직 모든 직무와 과업에 대하여 격려와 인정이 주어진다.
30 이 조직의 관리 팀은 효과적이고 영감적인 리더십을 제공한다.

32 우리가 하는 일은 항상 필요하고 효과적으로 진행된다.
34 이 조직이 직무를 구조화하는 방식이 일반적인 만족을 준다.
35 견해 간 갈등은 이해되고 수용되는 해결책에 의해 해결된다.
38 내 상사의 관리 스타일은 내가 성과를 내는데 도움을 준다.

규칙 3에 의해서 2개 문항이 더 약점으로 나타났다.

13 나는 탁월한 직무를 수행하는데 필요한 정보와 자원을 모두 갖고 있다.
17 나는 내가 하는 일에 의해 동기부여 된다고 느낀다.

이것이 기능적 분석(70~72쪽 참조)을 강력하게 지지하며 확대해 준다. 명백히 관리 스타일, 지원 및 직무의 조직화 등이 핵심 분야이다. 문항 12, 18, 32, 34, 17에 대한 응답은 스텝들이 직무가 효과적으로 구조화 되지 않았으며, 항상 필요하고 동기부여 시키지 않는다고 느낀다는 것을 보여준다. 문항 2, 28, 30, 35, 38에 대한 응답은 스텝들이 격려, 인정, 도움, 리더십, 관리자의 만족스런 의사결정 등이 결여되어 있다고 지각한다는 것을 보여준다. 관리자들이 스텝들에게 직무를 위임하려 하지 않는 것이 관리자들에게 압박을 가하는 결과가 될 수 있는가? 너무 많은 압박감을 주어서 스텝과 함께 일할 수 있는 충분한 시간을 허락하지 않았으며, 스텝 또한 동기 수준이 저하되었는가? 훈련부족이 (역사적으로 그리고 좀 더 최근에는 OJT와 관련하여) 관리자들이 권한을 위임하지 않는 이유 중 하나인가? 이것이 위험 선호 성향, 창의성, 혁신 등을 억제하고 위험을 회피하는 문화를 강화 시켰는가?

문항 21과 13에 대한 응답은 스텝들이 현실적인 계획을 인식하지도 못하며, 그들에게 적절한 정보와 자원이 주어지지 않았다고 느낀다는 것을 보여준다. 그들은 회사의 미래계획이 믿을만하다고 생각하는가? 판매 문화를 향해 움직이는 것과 같은 변화의 실행 전망과 관련하여 그것이 제시하는 것이 무엇인가?

이제 연습문제의 마지막 부분을 살펴보자.

조직 개선 연습

이미 알고 있는 조직의 약점을 다루기 위한 조직개선 방법을 파악하도록 해야 한다. 이제 다음의 설문서를 완성해 보자.

조직 개선 – 약점을 다루는 방법

Toolkit

1	귀하 부서의 주요 약점은 무엇인가? a b c d e
2	부서 성과를 개선할 수 있는 가장 중요한 부문은? a b c d e

Toolkit

3	부서성과를 개선하기 위한 실무적인 방법을 열거하시오. a b c d e
4	귀하의 부서는 고객에게 제공하는 제품/서비스를 어떻게 개선할 수 있는가? a b c d e
5	귀하의 직무를 수행하기에 충분한 정보가 제공되었거나 정보에 접근가능한가? 예 ■ 대부분의 경우 ■ 가끔씩 ■ 아니오 ■
6	이용 가능한 정보의 질은 어떻게 개선될 수 있는가? a b c d e

분석 연습

이제 기능분석, 조직 진단 그리고 조직 개선 분석의 결과를 합쳐 정리하시오.

결과 종합

Toolkit

기업 기능 분석
강점
a
b
c
d
e

조직 진단
강점
a
b
c
d
e

개선 분석
강점(질문 1)
a
b
c
d
e
저해요소(질문2)
a
b
c
d
e

개선 우선순위(기능 분석)
a
b
c
d
e

Toolkit

약점(기능 분석)
a
b
c
d
e

잠재적인 약점(조직 진단)
a
b
c
d
e

파악된 약점(조직 진단)
a
b
c
d
e

개선을 위한 실무적인 단계(질문 3 ,4 6)
a
b
c
d
e
f
g
h

분석

개선 아이디어가 어떻게 약점에서 도출된 문제를 해결할 수 있는지 파악한다. 특히 강점이 어떻게 개선의 방해물을 다루는 데 도움이 될지에 초점을 둔다. 다음에 가능한 실행을 제시해보자.

1.
2.
3.
4.
5.
6.

Case Study

사례연구: Money Matters plc

Money Matters사를 예로 들어 분석해보자. 아래에 열거된 사항들은 Money matters사의 경영진과 실무진들에 의해 제시된 성장의 저해요인들이다.

- 설비: 부적절한 고객서비스와 이미지, 부적절한 컴퓨터 시스템.
- 훈련: 은행거래시스템과 절차에 대한 부적절한 교육, 지사 직원들의 경험부족.
- 일에 대한 압박: 인원부족으로 인한 일에 대한 심한 압박감.
- 비효율적 경영: 리더십 부족, 일부 경영자의 나태한 업무태도, 비효율적인 업무조직체계. 심각한 관료주의.
- 정보: 지나치게 많은 정보, 부족한 정보.

반면, 경영진과 구성원들로부터 확인된 강점들은 다음과 같다.

- 구성원들의 충성도와 경험
- 지사 직원들의 강한 소속감
- 제품의 다양성
- 분야별 경영팀의 운영

Case Study

- 개방적 경영 스타일
- 고객중심의 경영
- 지역경제의 성장

이러한 강점들이 위에 제시된 저해요인들을 관리하는 데 과연 적절히 이용될 수 있을까? 급속히 성장하고 있는 지역경제상황 하에서 기존고객에 기반을 둔 고객중심경영은 변화에 대한 올바른 본질적 정책이 이루어지고 있음을 보여준다. 경영과 리더십에 관련해서는 비교적 최근에 구성된 지역경영팀제라는 것이 강점으로 나타나고 있으나, 특히 지사수준에서 기업의 중간층에 초점을 맞춘 이러한 관리에 대한 의구심이 제기되고 있다. 모든 직원들은 열의에 차 있으며, 많은 이들이 상당히 풍부한 경험을 가진 것으로 보인다. 이제, 이들과는 달리 적절한 훈련을 받지 않은 경험부족의 신규 직원들에 초점을 맞춰야 할 것이다.

이미 언급된 경영층과 업무조직체계에 대한 논의를 고려할 때, 이 요인들에 대한 해결책은 능력과 경험을 갖춘 지점의 선임직원의 활용도를 높이는 것이 한 가지 방안이 될 것이다. 흥미롭게 상당수의 지사경영자들은 궁극적으로 사업을 확장하는데 더 많은 시간을 쓰기위해 일상적인 업무에서 벗어나려고 기회를 엿본다. 순차적으로 이것은 위험회피문화에 대한 관심을 요구한다. 다시금 생각해보면, 자유롭게 정보를 공유하도록 하려는 금융기관의 전국적인 정책이 이러한 문화를 강화시켰을 수도 있다는 것은 흥미롭다. 모든 경영자들은 모든 안내정보, 설명서나 지침서 등을 받는다. 방대한 양의 정보는 실로 충격적이다. 하루에 3~4 인치의 짐 꾸러미가 생기는 것이다. 그러나 이 경우에 항상 실수를 주의해야 한다. 2주일에 한번 정도는 리뷰회의를 갖는 것이 이들 지사경영자에게 요구된다. 이 회의는 하루 온종일이 걸릴 것이다. 지역경영팀은 각 지점마

Case Study

다 프린트된 데이터에 대한 검토를 수행한다. 모든 지점의 경영자들은 회의 내내 참석을 해야 하며, 많은 보고서들로 인해 시간낭비와 지루함을 느낄 것이다. 이는 결국 사업의 진척이 아닌 업무에 대한 압박감을 가중시킬 뿐이다.

이제, 이 같은 업무성과보고는 요약된 형태로 제시되고, 리뷰업무는 회의 중 잠시 동안 이뤄져야 한다는 데 공감대가 이루어졌다. 특정한 문제나 성과는 개별적으로 논의될 수 있다. 앞으로 회의의 나머지는 현재의 중요한 이슈에 초점이 맞춰질 것이고, 워크숍의 형태로 이뤄질 것이다. 우리가 경영자들에게 관련된 문제를 수행하기를 원한다고 모두 이야기한다면 그것이 룰이 될 것이다. 모두들 소요된 시간으로부터 그 가치를 지각해야 한다. 이런 변화의 핵심은 시간의 사용을 구체화하고, 업무성과에 대한 리뷰를 '자책점(guilty)의 탐색'과정이 아닌 문제지향적 접근과정으로 전환하는 것이다. 그것은 분명, 시간이 걸리겠지만 주어진 지역 경영팀의 질적 역량과 개방적 경영스타일을 고려할 때, 느리지만 꾸준한 개선이 기대된다.

이를 위해 요구되는 몇 가지 실행의 단계는 다음과 같다.

- 업무성과리뷰회의를 좀 더 효과적으로 구성하라. (지역경영팀제)
- 지점에 좀 더 나은 제품과 체계적인 훈련을 제공하라. (훈련담당자에 의해 지원된 지점 경영진과 선임실무진들)
- 지사의 실무진을 자사 수준에서의 업무수행방법/조직체계에 대한 리뷰에 참여시켜라.

우리는 지금껏 수행계획을 수립하기 위해 해야 하는 업무와 우선순위를 밝히고, 무엇이 바뀌어야 하는지에 대한 체계적 진단법을 개발하는 방법을 살펴보았다. 다음 단계는 변화의 실행을 관리하는 것이다(7장 참조).

4 Chapter Money Matters plc의 사례연구

경영의 측면
직원 태도 조사
직원회의
결론
제안

본 장에서 제시된 변화 진단을 위한 도구는 Money Matters사 내부의 지역별 그룹을 리뷰하기 위한 토대로 사용되었다. Money matters사는 개인과 기업을 대상으로 광범위한 금융서비스를 제공하는 영국의 어음교환은행이다. 전국적으로 Money matters사는 12개 지역으로 나눠져 있으며, 이들 각 지역은 많은 그룹으로 나눠져 있고, 각 그룹은 12개의 지사와 다른 사업부로 구성되어 있다. Money Matters사는 최근에 그룹조직을 구조화를 하였고, 그 조직도는 그림 4-1과 같다.

리뷰업무를 맡도록 선택된 그룹은 개인 회계와 중소기업(50

〈그림 4-1〉 Money Matters plc 조직도

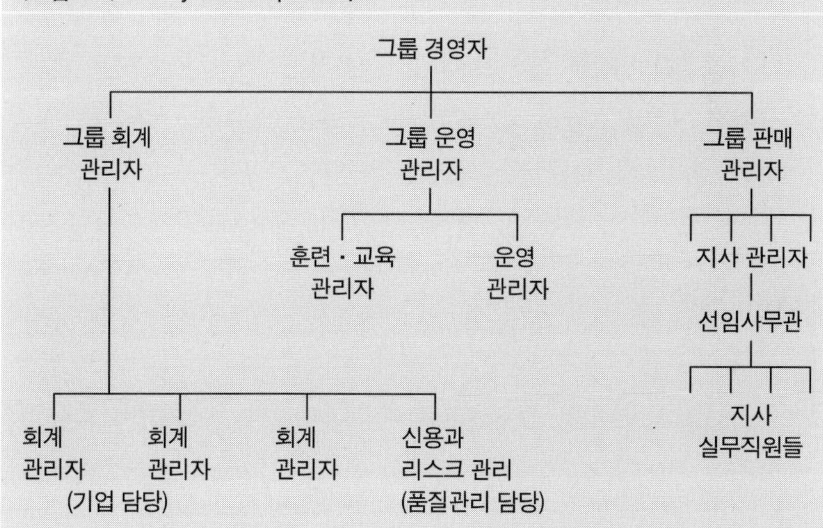

만 파운드 시설규모)의 회계를 책임지게 된다. Money Matters사는 대기업에 대해서는 별도의 담당부서를 가지고 있다. 선택된 그룹의 경우, 경영자들 모두는 인터뷰를 받으며 모든 실무담당 직원들에게는 설문지가 주어졌다.

연구가 시행되던 시점에 다양한 변화가 이루어지거나 혹은 다음과 같은 변화가 기대되었다.

- 수표와 양도증서 등과 같은 개인 계정거래의 중앙처리화로의 전환을 포함한 상당한 기술적 진전.
- 재조직화와 지사혁신을 위한 그룹차원의 광범위한 프로그램의 실행
- 성과급제의 개발
- Money Matters의 판매문화 정착을 위한 노력들

다음의 간략한 정보는 지역을 대표하는 4개 그룹에 대한 연구결과 가운데 'Midvale 그룹'이라고 불리는 한 그룹에 대한 자세한 관찰로부터 얻은 정보에 국한되었다.

경영의 측면

다음은 Midvale 그룹에 수행된 40개 인터뷰의 분석과 그 요약이다. 이전에 이 경영자들에 대한 인터뷰는 워크북 3장에서 제

시된 조직 진단(diagnosis)을 완성시켰고, 이들에 대한 인터뷰는 저자로 하여금 그들의 견해를 명백하게 하였다.

일의 정의

경영자들은 일부는 '그룹개념(group concept)'의 진척과 일부는 Money Matters사에 의해 사용된 잘 정립된 직무기술시스템인 직무프로파일시스템(job profile system)을 통해 점차적으로 그들의 직무가 잘 규정되고 있다는 느끼고 있었다. 그것은 그룹과 지사수준의 책임 사이에 유연성이 생겼다는 증거이다. 그러나 전체적으로 볼 때 현재의 조직구조는 매출증대가 이루어지고 있는 Money Matters사의 조직문화에는 적합하지 않은 것으로 나타났다. 특히 마케팅관리자의 수준과 책임이 의문이다. 수준이 너무 낮지는 않은지? 지사경영자들의 권한은 충분한지? 모든 지사경영자들이 자신들의 새로운 업무에 대해 융통성 있게 적응하고 있는지? 그룹개념은 중대한 조직변화, 직원들에게 요구사항, 교육·훈련의 대상파악, 직장 내 경험과 평가·검토과정 등으로 인식된다. 담당자(delegation)들의 수준, 상위직원의 역할과 직원들 사이의 직무배분, 이 모든 것이 중요하다. 이런 점에서 담당자들의 수준이 아직 그룹 전체적으로 일관되지 않은 것이 현실이다.

대체로 지금 이용 가능한 풍족한 정보를 통해 잠재적 가치는 인지되었으나, 문제는 이들 경영자들이 이러한 정보를 충분히 효과적으로 사용할 준비가 아직 되어있지 않다는 것이다. 더욱이, 일부 냉소적인 시각이 표출되었는데, 특히 한 경영자는 이러한 정보를 광범위하고, 중복되며, 이해할 수 없는 것이라고 언급했다. 실제로 경영자들은 엄두조차 내지 못하고 있는 실정이다. 좀 더 구체적인 목표설정과 이를 위한 선택된 정보가 필요한데, 생각과는 달리 경영자들은 그들의 경쟁자들이 무엇을 하고 있는지에 대한 정보를 거의 갖고 있지 못했다. 지사의 관리자들 모두가 지역적으로 가장 큰 시장을 조정하는 경쟁자들에 대한 명확한 정보를 줄 수 있는 것은 아니었다. (경영정보시스템에 관한 첫날의 워크숍은 인터뷰 마지막 주 동안 이루어졌다.)

핵심 성공요인

경영자들은 그들의 부서나 지점의 업무성과가 평가되거나 혹은 그룹전체에 대해 무엇이 핵심적 성공요인인지를 판단할 때, 과연 어떤 요인이 고려되어야 하는지에 대해 질문을 받았다. 표 4-1은 93쪽의 실무지침 질문 2에 대해 응답한 결과를 나타낸다. 대답은 자발적으로 이루어졌으며, 결과는 재정적인 이슈들이 우세한 것으로 나타났다.

응답한 경영자들 가운데 몇몇은 어떻게 부서가 평가될 것인지 확신할 수 없다고 말했다. 그 과정은 몇몇 사람들에 의해 너무나 주관적으로 선택된 실행수치로 구성된 것으로 여겨졌다.

서로 상충되는 목표들이 판매부서, 품질관리부서 그리고 운영 부서들에 의해 마구 주어졌다. 일부 경영자들은 다양한 목표들에 주어진 우선순위에 대해 염려하는 것처럼 보였다. 예컨대, '판매만이 우리를 살릴 수 있는 구세주입니까?'라고 한 사람이 말

〈표 4-1〉 Midvale 그룹의 성과평가

기준	응답빈도수
매출	23
이익	22
비용	14
부채	8
고객대우/불평	7
수입 수수료	6
직원개발	6
직원 동기부여	5
지사/은행의 이미지	4
직원들의 결근/이직률	2
좋은 회계감사보고서	1
휴직	1

하자, 만약 우리가 '손님들의 목구멍 아래로 밀어 넣듯이 판매를 강행한다면 성공을 거둘 수 있겠습니까?'라고 또 다른 이가 말을 이었다.

명확성이 부족한 그룹의 조직구조는 회계감사와 매출 사이의 혼란을 불러와 많은 경영진들 사이에 갈등을 일으키는 원인으로 지각되었다. 경영자들은 매출향상을 위한 의도와 질 높은 대여와 통제를 보장하려는 필요성사이의 균형을 맞추어나가는 것이 항상 필요하다고 인식하지만, 기능직 관리자들은 그들이 걱정하던 데서부터 모순적 '신호(signal)'를 명확히 지각하였다. 이런 점에서 그룹본부의 경영팀에서 지점경영자들로의 의사소통상에 문제점이 드러났으며, 일부 경영자들은 지점과 지점 사이에 그리고 때론 지역수준에서 품질관리와 회계감사 사이에 불필요한 중복이 있다고 느꼈다. 즉, 경영자들은 품질관리가 심각한 부채를 상당 수준 감소시킬 수 있는 효과적인 기능이라고 느꼈음에도 불구하고 품질관리는 종종 대여책임자에 의해 획득된 기록들에 어떠한 것도 추가를 하지 못하는 경우가 있었다. 이는 품질관리가 오직 확실하게 정해진 상황에서나 사용될 수 있다는 것을 의미한다. 예를 들자면, 대여책임자의 요구에 따라 특정한 크기 혹은 특정한 설비형태에 대해 무작위적으로 혹은 신규사업에 대해 사용될 수 있다는 것이다.

경영자들은 핵심성공요인에 대해 질문을 받았을 때, 이들은 흔히 다른 이슈들에 대해 언급했다. 대부분은 Money Matters사가 제공하는 제품과 이미지가 지역으로나 전국적 차원에서 모두 중요하다는 것을 분명히 했다. 팀정신의 구축 역시 극히 중요한 것으로 보여 졌다. 지점경영자들은 자신들이 속한 팀 내에 올바른 기술 믹스(mix of skills)를 갖추고 있는지에 대해 명백한 궁금증을 나타냈다. 한 사람은 자신이 지금 채용에 대해 책임을 담당하고 있지만, 자신은 선발면접에 대한 교육을 받지 못했다는 것이었다. 이러한 문제와 연결해보면, 많은 경영자들이 가지고 있는 의구심은 Money Matters사가 과연 증대된 판매의 강화를 잘 감당할 수 있는 올바른 직원을 확보하고 있는지에 대한 것이다. 비록 경영자들이 보편적으로 너무 많은 회합을 갖는다고 느끼는 것처럼 보이고, 더욱이 이 같은 회합들이 체계적으로 구조화되어 있지 못하고 때로는 지루하며 실망스러울지라도, 상호 의사소통은 바람직한 것이라고 사료된다. 경영자들은 교육을 포함하여 직원이나 혹은 지점경영자들을 지점으로부터 떠나게 하는 모든 회합에 대해 언급하였다. 몇몇 경영자들은 직원들의 자질은 우수하고 그들의 충성심 역시 훌륭하다고 생각했다. 일부 경영자들의 경우에 너무 지나치다고 생각할 정도로 많은 교육·훈련이 시행된 것이다. 교육훈련에서 낙오하는 직원을 대체하기 위한 보충직원을 확보하는 데도 어려움이 있었지만, 더욱 심각한 문제는 직원들이 이러한 교육훈련을 받아들이려하고, 나아가 그것을 실행에 옮기는 데에서 나타났다. 늘어난 교육훈련에도 불구하고, 몇몇 지점의 경영자들은 그들 직원의 기술적 지식의 수준격차가 여전히 존재하는 것을 목격하였던 것이다.

이런 문제로 인해, 지점경영자들은 지점수준에서 권한을 확대해 나가는 것이 필요하다고 느꼈다. 이를 통해 고객 서비스와 신용거래관계가 보다 향상될 것이다. 이는 현재 검토가 진행되고 있기는 하지만, 지금껏 이루어진 어떠한 변화도 충분치는 않은 것으로 보인다. 그러나 '그룹개념'은 효력이 있는 것처럼 보이며, 일부 경영자들은 이제 이를 정착시킬 기간이 필요하다고 느끼고 있었다.

Money Matters사는 선도적 디자인 컨설턴트에 의해 개발된 지점의 디자인에 새로운 스타일을 적응시켜감으로써 새로운 스타일의 지점, 새로운 스타일의 신용거래 그리고 새로운 스타일의 금융거래 등 이들 새로운 모든 것이 가장 중요한 것처럼 비춰졌다. 그러나 인터뷰를 거치는 과정에서, 많은 사람들이 또한 이에 대한 의구심을 표출하였는데, 상품이 너무 복잡한데다 직원들은 적절히 훈련되어 있지 않으며 정보는 턱없이 부족하다는 것이다. 이들은 '우리는 여태까지도 판매를 계속해왔다. 허나, 실제로 변한 것은 전혀 없다'고 말했다. 혹자는 인터뷰에 참여한 다수의 사람들이 변화를 필수불가결한 것처럼 받아들이기는 하지만, 다소 당혹스러운 점 역시 느끼는 듯 하다고 결론지었다. 그들은 정보의 결핍과 이해와 관리의 부족이 있다는 견해를 분명히 했다. 가장 중요한 것은, 그들은 일부 몇몇을 위해 이루어지는 회사에 대한 맹목적 충성은 도움이 되지 않는다고 말한다. 또 'Money Matters사가 직원들의 충성심에 너무 지나치게 의존하는 것은 아닌가?'라고 그들은 반문한다.

피면접자 가운데 한 사람은 그룹의 계획에 대하여 매우 긍정적이었다. 그는 모든 경영자들이 그룹계획을 이해한다고 느끼고 있었으며, 한 걸음 더 나아가, 모든 직원들에게 그 내용이 잘 전달되었다고 보았다. 이에 따라, 모든 수준에서 직원들이 가지는 자기존중감과 자기유능감이 필요하다는 것이다. 그는 선임경영자들이 지점에서 직원들과 대화를 나누면서 보다 많은 시간을 함께하는 것이 필요하다고 느끼고 있었다. 그러나 피면접자들의 대부분은 그룹의 계획에 대해 언급하지 않았다. 이것은 인터뷰 기간 동안 그룹의 계획을 알리기 위해 판매담당 관리자들이 모든 지점을 방문하는 과정에 있었기 때문이었을 것이다.

고객 서비스와 지점 이미지는 핵심성공요인으로서 무수히 언급되어 왔다. 이에 따라, 직원들이 보다 적극적으로 고객에게 접근할 수 있도록 하는 은행점포들이 필수적으로 요구되었다. 이러한 모든 것들을 성취하는 데는 적극적인 팀 단위의 노력이 필수적이었다. 직무를 지나치게 세분화하는 것은 도움이 되지 않으며, 오히려 유연성이 요구되었다. 일부 지점경영자들은 비록 이것이 소규모 지점에 해당되는 경우는 아니었지만, 마치 당연한 것처럼 유연성은 확실히 개선될 수 있다고 느끼고 있었다. 이들 지점장들은 지점 내부적으로 업무를 재분배하는 것을 멈추지 않았으며, 실제로 몇몇은 다른 사람들보다 확연하게 보다 유연한 운영을 실천하고 있다. 금융업무 수행에 따른 직원들에 대한 훈련부족은 일부 경영자들이 다른 사람들보다 자신들의 지점을 유연하지 못하게 운영하는 것을 설명해 주는 한 가지 이유이다. 또한, 사람들은 성취 가능한 목표를 볼 수 있는 것이 필요하다. 어떤 목표들은 사람들로 하여금 의욕을 상실하게 한다. 몇몇 경영자들은 지점관리자들과 회계책임자들 신규사업을 수행하거나 개발하는 데 있어 적극성이 충분치 않다고 느꼈다. 모두가 '서류상 거래단위의 수렁에 빠져 헤매고 있는 것이다.' 더 좋은 정보, 시스템, 점포설비와 인력들이 도움은 되겠지만, 만약 판매중심의 조직문화로의 이동이 이루어지려면 태도의 변화가 반드시 병행되어야 한다는 본질적 과제가 여전히 남아있다.

강점과 약점 그리고 개선활동

강점과 약점 그리고 개선활동에 관련된 질문에 대한 자발적인 응답결과는 표 4-2에 나와 있다. 이 표와 수반하는 실천단계의 목록은 지금까지 제시된 분석을 보강해 준다. 아마도 가장 효과적인 판단은 개선의 기회를 논의할 때, 경영진들이 현재 진행중인 기업문화에서의 포괄적인 변화에 대해서가 아니라 시스템과 훈련체계를 합리화하는 데 대해 언급하는 것이다. 실제로, 판매중심문화로의 전환에 대한 많은 참고문헌들이 '직원은 판매하지 않는다.' 혹은 '이러한 사람들은 판매하려는 은행에 참여하지 않는다.' 등 부정적으로 이러한 변화에 대해 설명한다. 그러나 이는 그리 놀랄 일도 아니다. 경영진과 실무진은 이런 극히 심오한 변화를 재빨리 수용하는 것이 필요하다.

표 4-2는 기업의 조직구조로 인해 비롯된 개선을 위한 기회요인과 제약요인, 그리고 회사의 강점과 약점에 관한 질문에 답한 응답결과를 열거하고 있다. 이 표에 열거된 목록들은 경영진들에 의해 추진될 수 있는 개선안들을 제시하고 있다. 결론적으로, 본 절을 통해 '그룹'체제가 커다란 변화 속에서도 성과를 낼 수 있는 잠재력과 중요한 강점을 가지고 있다는 점을 강조하는 것은 그만한 의미를 지닌다. 경영진들은 조직에 대한 충성과 헌신을 보이며, 나아가 업무성과를 개선하려는 강한 의욕을 나타냈다. 드러난 문제점들과 관심사들은 단지 변화가 진행되는 동안에 당연히 생길 수 있는 것들이다. 또한, 이미 진행된 결과는 장래에 더욱 향상된 업무성과를 이루기 위한 중요한 기반이 될 수 있을 것이다.

의사소통

- 전반에 걸친 보다 개방된 경영
- 많은 실무회의
- 다른 지점들 혹은 그룹과의 회의
- 선임행원 회의
- 향상된 의사소통

지원

- 향상된 업무 피드백
- 스트레스 상담
- 변화가 진행되는 동안 직원을 위한 지원
- 회계담당자들을 위한 향상된 지원

고객 서비스/점포

- 보다 효과적인 상품브리핑과 훈련
- 공간 확보
- 점포와 설비
- 상담원/접수원
- 고객을 잘 이해하는 직원
- 지점의 배치, 계획투명성

효율성

- 간소화된 조직
- 표준 주문 시스템(standing orders system)
- 일지경보 시스템

〈표 4-2〉 Midvale 그룹의 강점, 약점, 기회요인과 제약요인

강점	응답 수	약점	응답 수
직원의 충성도와 경험	17	관리수준, 채용문제, 직원들에 대한 격려부족, 그룹수준업무에 대한 조정문제, 고객과의 거리	24
지역경영팀	13	점포시설	10
고객서비스, 신속한 반응	12	상담직원의 부족	9
개방경영스타일	9	운영상문제 (나누어진 입지, 지역대리인, 전국망행정의 고비용, 복잡한 금융상품)	8
광범위한 상품	5	부실한 현장교육·훈련	8
지점 위치	5	위험기피문화	5
팀정신	3	미미한 권한	5
고객중심	2	이미지(불만처리)	4
지역경제성장	1	시스템 문제	2
강점	**응답 수**	**약점**	**응답 수**
시스템의 합리화 (회답, QC, 감사)	9	인원부족, 자원제약, 반응적 경영, 압박감	14
운영상의 개선 (서비스센터, 기술)	4	너무 많은 문서	7
이용 가능한 교육·훈련과정	2	변화 (일과 직원에 대한 충격, 너무 급속한 냉소주의의 확대)	6
		반환(return)	6
		경쟁	6
		너무 많은 회의	3
		경영 재량권의 부족	2

- 그룹사무실에서의 개선된 사무직원에 대한 위임
- 직원 개발 규정
- 훈련의 조정
- 지점경영인들에 대한 직무순환
- 향상된 시장정보

그룹은 그룹의 지역관리 팀, 개방적 경영스타일과 특히, 실무진 등에서 중요한 강점들을 지니고 있다. 그러나 그룹의 지각된 약점들 중 하나는 경영의 질이다. 여기 그룹에서 경영진들의 관심사는 그룹과 지점수준 모두에서 관리의 중간수준에 놓여있는 것처럼 보인다. 그룹 수준에서 이루어지는 조정역할의 부족은 대부분 훈련, 미팅, 반환의 조절상의 문제와 관련이 있다. 그리고 이 모든 것들이 지점수준에서의 상실감과 압박감의 상당 부분을 야기하였다. 아마도 더 중요한 것은 현재의 변화 속도에 대해 염려를 나타내는 혼재된 위험회피 문화라 할 수 있다. 많은 경영진들은 심각한 변화가 진행중이라는 것을 인정하지만 그들은 이러한 변화에 대한 진정한 통제가 결핍되어 있다는 것을 인터뷰를 통해 인정하였다. 일부의 사람들은 냉소주의의 부상에 대해서도 언급하였다. 그들은 모든 수준에서 Money Matters사의 너무 많은 경영진들이 규정에 얽매여 있다고 느꼈다. 대부분이 위험을 감수하려 하기 보다는 자신들의 직위를 지키는 데만 여념이 없는 듯 하였다. 이는 하위 직원들에 대해 심각한 영향력을 미친다. 인터뷰를 통해 경영진은 위험회피 문화가 훈련에서의 변화를 끌어내는 것을 어렵게 만들고, 일부는 일반적인 변화에 대한 시각에 관해 냉소적으로 느끼고 있다는 점을 언급했다.

직원 태도 조사

본서의 3장에 나와 있는 조직 진단 설문이 총 300명 정도인 Midvale 그룹의 전 직원들에게 배부되었다. 이 조사는 무기명의 원칙에 따라 자발적으로 진행되었다. 직원들에게 설문지를 작성한 후 봉인하여 그들의 지점관리자를 통해서 그룹사무실로 제출하도록 하였다. 300명 중 60%인 208명의 직원이 설문을 작성해서 제출하였다.

이 조사결과는 취약점에 대한 상당한 평가치를 제시하고 있다. 설문분석의 규칙 2에 나와 있는 기준을 사용하여, 40개 문항 중 12개 문항이 취약한 영역을 나타내고 있다. 한 가지씩 짚어보면, 지난 몇 년간 그룹과 지역 그리고 Money Matters사 모두에게 상당히 극적인 변화가 이루어져 왔다. 조직은 지금도 기술, 업무절차, 조직문화, 그리고 경영에 있어서 심각한 일련의 변화 속에 놓여 있다. 그 결과 많은 이들이 굉장한 압박을 느끼고 있으며, 이는 이번 조사의 결과에 반영되어 있다.

규칙 2와 3을 적용하여 얻은 잠재적인 약점으로 드러난 열 가지 문항들은 아래에 열거되어 있다.

4 나는 나 자신의 완전한 잠재력을 개발하도록 격려되고 있다.
12 내가 받는 봉급은 내가 수행하는 업무에 비교하여 적절하다.
18 업무가 나누어지는 방법은 이치에 맞고 명확하다.
21 이 조직은 현실적인 계획을 수립한다.
28 이 조직 내에서 모든 직무와 과업에 격려와 인정이 주어진다.
30 이 조직의 경영팀은 효과적이며 영감을 주는 리더십을 제공한다.
32 우리가 하는 업무는 언제나 필요하고 효율적이다.
34 조직 내 업무구조가 배열된 방법은 일반적인 만족도를 유발한다.
35 견해 상의 갈등은 이해가 가고 수용적인 해결방안으로 풀어진다.
38 상관의 경영 스타일은 내 일에 전념할 수 있게 도와준다.

추가적인 2개의 진술이 규칙 2를 통해 드러난 약점으로 제시되었다.

13 나는 내 직무를 잘 수행하기 위해 필요한 모든 정보와 자원을 가지고 있다.
17 나는 내가 맡은 일에 대해 의욕을 느낀다.

이상의 12가지 문항은 경영스타일, 지원 그리고 근무조직의 세 가지 핵심영역에 대해 다루고 있다. 문항 4, 28, 30 그리고

38에 대한 응답은 직원들이 경영진으로부터의 격려와 인정, 지원, 리더십 그리고 의사결정만족도가 부족하다고 지각한다는 것을 제시한다. 또한 21과 13에 대한 응답은 그들이 현실적인 계획을 인지하고 있다고 느끼지 못하며, 또한 적절한 정보나 자원을 제공받지도 못하는 것으로 느끼고 있다는 것을 나타낸다. 이것은 직원들이 회사의 현재 입장과 장래계획이 믿을만한지에 대한 중대한 의문을 제기한다. 문항 12, 18, 32, 34 그리고 17에 대한 응답은 직원들이 업무가 효과적으로 구조화되었으며, 항상 필요하고, 항상 동기를 부여하지 못하고 있다고 느끼고 있다는 것을 나타낸다.

여러 가지 점에서 이런 결과들은 아직 본사의 그룹 팀에서 지점들로의 의사소통이 완전히 효과적이지 못하다는 것을 의미한다. 그룹개념(group concept)이 좀더 효과적으로 적용된다면, 이 같은 많은 약점들은 상당히 감소될 것이다. 이러한 결과에 대해 변화의 효과가 가져올 모든 혜택을 고려할 때, 이러한 데이터는 Money Matters사가 수반하는 모든 압박 하에서 변화의 이행을 관리하는 데 더 많은 주의를 기울이지 않으면서 얼마만큼 그리고 얼마나 신속히 변화를 달성할 수 있는지에 대한 중요한 의문을 제기한다는 점이 강조되어야 할 것이다.

이제 직원들에 의해 확인된 개선을 위한 영역을 주목해 보자. 여기서는 조직 개선 분석(organizational improvement analysis)에 열거되어있는 질문들과 Money matters사의 필요를 충족시키기 위한 기술인 '맞춤(tailor)'을 포함한 몇 가지 추가적인 질문

〈표 4-3〉 부서에서 더 나은 업무수행을 저해하는 요인은?

응답	응답 수
일에 대한 압박	75
적은 수의 직원	
충분하지 않은 시간	
압박감	
고객관리를 위한 불충분한 대처	
그 밖의 실수	
부적당한 카운터 서비스	
비용절감	
시설(설비)	52
공간부족	
빈약한 시설	
낡은 점포	
노후한 컴퓨터들	
비효과적인 경영	33
리더십 부족	
경영자의 부적절한 태도	
지원의 부재	
심각한 관료주의	
비효율적인 업무조직	
교육·훈련	24
부적정성	
지점시스템과 처리절차상의 경험부족	
정보	13
충분치 않은 정보	
너무 많은 서류	

들을 다룬다. 설문은 부서나 지점의 보다 효과적인 운영을 가로막는 것이 무엇인가에 대해 묻고 있다. 직원들의 응답은 표 4-3에서 열거되어 있다. 시설, 교육·훈련, 일에 대한 압박감, 비효과적인 경영, 산만한 정보 등이 포함되어있고, 이 가운데 일에 대한 압박과 시설문제가 가장 많은 응답수를 보였다. 이것은 앞서 이루어진 연구들과도 일관된 결과이다. 교육·훈련을 부적절하게 보는 직원들의 시각은 주목할 가치가 있으며, 그럼에도 불구하고 최근 이 영역에 대한 활동이 꾸준히 늘고 있다. 그러나 이들 직원은 오히려 일반적인 훈련보다는 은행시스템에서의 교육·훈련의 부족을 주로 지적하고 있다.

효율성을 향상시키기 위해 취해야 하는 실무적 단계는 무엇인지에 대한 질문의 응답은 표 4-4에 나열되어 있다. 여러 응답들이 나왔는데, 고객의 질의와 불평들을 다루는 데 있어 창구직원들에 대한 자율성의 범주를 확대하는 것에 대해 언급하였다. 이는 이론적으로는 가능하지만, 위험기피문화 하에서 일부 구성원들은 질의를 처리하는데 신뢰를 받지 못한다고 느끼는 것으로 나타났다. 또한, 일부 지점경영진들은 직원들이 필요한 교육·훈련을 충분히 받지 못하고 있다고 말하였다. 그것은 고객들의 질의에 대한 압박감 속에서, 창구직원들은 연달은 고객의 불만에 응답토록 지침을 받고 있다는 것이다. 비록 이같은 이슈와 관련한 실망감이 명확히 드러나 보이기는 하지만, 훈련 특히 지점에서의 훈련이 중요하며 정보 또한 중요하게 여겨진다는 점에 주목해야할 것이다. 전체적으로 검토해보면, 관리직 직원들은 보다

〈표 4-4〉 업무 효율성을 높이기 위해 취해야 하는 실무적인 방법은?

응답	응답 수
일의 구조화	75
직무기술서/명세서	
효과적인 조직상의 업무흐름도	
창구직원에 대한 더 많은 재량권/권한	
위임	
현실적인 목표	
적절한 업무배분	
동기부여, 성과에 따른 보상	
향상된 교육·훈련	49
지점 외부	
지점 내부	
일반 교육·훈련	
정보	48
제품에 대한 좀더 많은 정보	
향상된 커뮤니케이션(지역과 지역)	
덜 복잡한 정보	
시설	36
현금 서랍	
컴퓨터	
기타	
더 많은 직원	34
관리	17
리더십	
지원	
높은 성과에 대해 칭찬	

〈표 4-5〉 당신의 부서와 다른 부서간의 관계를 향상시키기 위해 필요한 실무적인 접근단계는 무엇인가?

응답	응답 수
향상된 팀워크	33
직무순환	32
다른 지점의 방문기회	
순환	
부서간의 더 많은 접촉기회	
상호간의 업무에 대한 보다 많은 지식	
커뮤니케이션	17
그룹/지역으로부터의 지원	14
거리감 제거	
마케팅에 대한 지원 향상	
정보요청에 대한 협조	
근무 조직	12
더 나은 정확성	
적절한 정보 공유	

결단력 있는 리더십과 지점내부 교육·훈련과 관련된 향상된 지원 및 업무성과에 대한 인정 등을 요구하고 있다.

한편 다른 부서들과의 관계를 개선시키는 방법에 대해 물었을 때, 직원들은 작업순환과 향상된 팀워크가 중요한 것으로 언급했다. 물론 이 두 가지는 연관성이 있다. 즉 직무순환은 접촉빈도를 높임으로써 팀워크를 돕는다. 부서 간 관계개선을 위한 또 다른 제안은 그룹/지역으로부터의 향상된 지원과 향상된 의사소

〈표 4-6〉 향상된 고객관리를 위해 필요한 실무적인 접근방법은 ?

응답	응답 수
시설	47
전화응답기	
컴퓨터 단말장치	
문의 및 조회 카운터	
영상정보시스템	
더 많은 직원	44
더 많은 개별적 관심	
교육·훈련	32
정보	23
상품 출하 전 보다 많은 정보제공	
더 나은 정보 업데이트	
관리	21
문제를 처리하는 수납직원의 권한강화	
더 많은 지원경영	
고객을 파악할 수 있는 경영자들	
보다 결단적인 경영	
상품에 대한 직원들의 자부심	

통이다. 예를 들어 질의에 대한 신속한 대응이다. 종합된 응답결과는 표 4-5에 나타나 있다.

좀 더 많은 직원과 나은 시설뿐만 아니라 현재 진행중인 고객서비스 교육을 포함하는 개선된 고객서비스를 제공하기 위한 실무적인 단계가 무엇인지에 대한 응답결과이다. 정보와 관리이슈들이 또한 언급되었으며, 전체 응답결과는 표 4-6에 나와 있다.

〈표 4-7〉 향상된 정보를 받기 위해 취할 수 있는 접근방법은?

응답	응답 수
정보구조	88
요약	
색인	
도서대출	
경영자들의 적절한 정보 공유	
더 많은 실정 조사원(fact finder)	
회의	24
더 많은 지점 방문	
더 정규적인 브리핑	
회의 참석하는 최적 직원	
고객 이전에 직원들에 대한 요점설명	
더 나은 적절한 지점 내 상품교육	

직원들은 자신들의 업무를 효과적으로 수행하기위한 충분한 정보가 주어지거나 혹은 접근할 수 있었는지에 대한 질문을 받았으며, 그에 대한 결과는 다음과 같다.

예 38

대부분 80

때때로 66

아니요 18

이 같은 결과는 직원들이 전반적으로 이용 가능한 정보에 대해 만족스럽지 못하다는 것을 나타낸다. 어떻게 해야 직원들이 정보조직이라고 말하고 또 회의에서 활용되어진다고 말하도록 정보를 개선시킬 수 있을 것인지에 대한 응답결과는 표 4-7에 제시되어 있다. 직원들은 비록 모든 정보가 이용이 가능할 지라도, 좀더 선택적으로 그들에게 제공되어야 한다고 느끼고 있다. 마지막으로 그들은 색인이나 심지어는 도서서비스도 고려되어야 한다고 제안한다. 직원들에게 금융상품을 알리기 위한 좀더 효과적인 브리핑 회의가 필요하며, 이는 지금 진행중에 있다.

직원회의

일단 설문지가 완성되자, 그 결과를 보다 자세히 논의하기 위해 직원 대표단이 참석하는 2개의 회의가 개최되었다. 이들 회의에서 논의된 내용들은 설문지로부터 드러난 전체적인 그림을 크게 보강시켰으며, 보다 자세한 설명이 여러 사안에 대해 이루어졌다.

훈련

직원들의 시각은 외부훈련이 효과적이라는 것이지만, 그들은 이러한 훈련을 실제업무에 항상 적용하지는 못한다. 지점 내 훈련은 그다지 효과가 없는데, 이는 부분적으로는 직원들의 수준에 기인한다. 그리고 '실수는 용납될 수 있다'는 점이 광범위하게 퍼져있었다. 직원들의 업무에 대한 압박감은 추가근무시간의 연장을 야기하였지만, 보다 양질의 훈련은 젊은 직원들로 하여금 보다 효과적인 업무수행을 가능토록 하였다. 보다 많은 선임직원들이 종종 직무지식이 부족하다는 것을 느꼈으며, 또한 직원들은 외부훈련이 업무수행 방법에 대한 적절한 충고도 없이 단지 무엇을 해야 하는지에 대해서만 지나치게 집중한다고 느끼고 있었다.

변화의 영향

정보가 늦고 회람은 형식적이라는 직원들의 시각은 반영되지 않는다는 뚜렷한 인식이 있었다. 소프트웨어 패키지를 다루는 데이터인 Viewdata는 아무런 준비나 훈련도 없이 무작정 도입된 시스템의 전형적인 한 가지 사례였다. 기존의 업무량을 고려했을 때, 직원들은 그들의 대다수가 새롭게 소개된 예금계정을 판매하기 어렵다는 견해를 나타냈다. 왜냐하면 이를 위해서는 추가적인 서류업무가 요구되었기 때문이다. 모든 사람들이 큰 부담감을 느꼈다. 직원 중 일부는 늘어난 업무부담감으로 인해 결근율이 증가한다는 것을 감지하였다.

모든 직원들이 판매 가능성에 대해 여전히 의구심을 갖고는 있었지만, 판매문화에 대한 변화가 직원들에게 수용되었다. 그럼에도 불구하고, 이들은 직무의 전문화가 이루어진 조직에서 성과기준의 보상체계가 가지는 문제를 인식하고 있었다. 이에 따라, 직원들의 태도는 다소 냉소적이었다. 결국, '골대' 자체가 이 계획에 맞춰 이동을 하게 되었다. 그러나 모든 지점경영자들이 직원들을 동일한 방법으로 다루지 않을 것이라는 염려가 즉시 제기되었다.

예를 들어 정규 대리직을 수행하는 직원들이 대리봉급을 받지 못했다. 왜냐하면 이들의 근무기간이 자격이 주어지는 주 5일이 아닌 항상 주 4일이었기 때문이다. 이 뿐만 아니라, 다른 지점경영자들은 자신들의 직원들을 또 다른 방식으로 대하고 있었다.

근무 조직

기존에는 직원의 기술과 경험이 충분히 활용되지 않는다는 강한 인식이 있었다. 특히 많은 고객과 접촉하고 팀을 이끄는 데 더 열중하는 고급 관리자들 일수록 그런 경향이 강하게 나타났다. 지점장들은 더 많은 권한 위임을 해야만 한다. 직무를 시작하기 위해 최소한 한 가지는 널리 알려져 있어야 하고 직무 목록과 비활동 목록이 준비되어 있어야 한다. 그렇지 않은 경우 지점장들은 고객들에게 접근하기 어려워지며 고객 서비스는 빈약해진다. 모든 직원들은 절차가 단순화 되어야 한다고 느낀다. 많은 이들은 조직을 향상시키기 위한 수단으로써 '집단에서 최적으로 조직화된 지점'을 방문하는 것이 가능하다면 고급 실무진들이 문제를 토론하기 위해 만날 필요가 있다고 느낀다.

관리 스타일

기존의 관리 방식은 과거에 비해 사람들에게 있어 더 친근하고, 더 인간적인 것으로 인식됐었다. 인간 관리는 개선된 것으로 판단됐었고, 이것은 직원들의 근로의욕을 높이는데 도움이 되었다. 그러나 직원들은 관리자들이 그들을 평가절하한다고 느꼈고, 임무를 명백히 할당하지 않거나 엄격히 통제하면서 의견을 수렴하지 않는다고 느꼈다. '당신은 누구에게 말할 수 있겠는가?' '그것을 이끄는 것은 무엇인가?'는 빈번한 질문들이었다.

결론

사진이 묘사했던 것은 조직의 관리자와 직원이 중요한 변화를 겪으면서 더 많은 것을 기대한다는 것이었다. 직원들은 이러한 변화가 잘 계획되지도 않고 효과적으로 관리되지도 않는 것에 대해 걱정한다. 다행스럽게도 태도 변화는 새로운 판매를 창조하는 데 매우 중요하며, 성과 문화는 최소한의 일관성도 없이 아직까지 발생하지 않았다. 그러나 아직 새로운 상황에 길들여지지 않은 이들이 비판받거나 무시된다는 점은 이러한 태도 변화가 어렵고 시간이 걸리며 이들에게 강제로 강요되기도 한다는 것을 짐작케 한다.

극적인 변화는 혼란스럽고 불편할 수 있다. 다음의 네 가지 기본적 요구사항은 변화에 적응하려는 사람들을 돕기 위해 반드시 충족 돼야만 하는 것들이다.

1. 감정이입. 그들은 사람들이 편견 없이 자신의 의견을 수렴하기를 원한다. 의사소통의 흐름은 쌍방향으로 진행되어야 한다.

2. **정보**. 그들은 변화가 왜 필요한지, 그들이 어떻게 일할 것인지, 그들 스스로에게 영향을 주는 것은 무엇인지 등에 대해 이해할 필요가 있다. '이러한 것들을 다루기 위해 내가 노력해야 하는 것은 무엇일까?'
3. **신뢰**. 그들은 변화를 믿을 필요가 있다. 그들은 그들이 해야 할 일과, 그들이 감각을 만들어 성취해야할 목표, 그들이 직면한 문제를 해결할 것이란 점에 대해 확신할 필요가 있다. 집단의 계획은 효과적으로 소통되어야 한다.
4. **실행을 위한 아이디어**. 그들은 실행, 선택, 계획을 제안할 필요가 있다. 그들은 아이디어가 실행되기를, 그들이 노력하기를, 경험으로부터 배우기를 원한다. 많은 관리자와 직원은 그들에게 요구되는 것이 무엇인가를 명백히 해야 하지만 어떻게든 새로이 접근하여 성취하고자 하진 않는다.

여기 수집된 증거들은 많은 관리자들과 직원들이 너무 많은 압력과 상향식 의사전달로 준비 중에 변화를 알아버리거나 일방적으로 듣기만을 한다고 느낀다는 것을 암시한다. 이것은 결과적으로 많은 이들이 변화를 신뢰하지 않는다는 것을 의미한다. 게다가 어떤 변화라 해도 직원들은 그들이 인지한 문제를 되도록이면 부적절한 것으로 보는 경향이 있다. 전반적으로, 많은 사람들이 진보를 위한 생각을 가지기까지 너무 많은 변화가 이루어지고, 그것은 우리 수준에서 그들의 생각과 같이 더 나은 결과를 남겨 놓기도 한다.

제안

이 책의 마지막 장인 회사의 수행부문과 조직 진단에서 정해준 지침이 당신에게 제안하는 것은 무엇인가? 여러분은 이것을 확인하기 위해 노력해야 한다.

1. 문제를 다루기 위해 특별히 제시된 실천 목록을 관리자들과 직원들이 만든 제안을 분석함으로써 확인한다.
2. 관리자들이 급격한 변화에 보다 효과적으로 대처하는 것을 돕기 위해 더 보편적인 조언이 계획되기도 한다. 이것은 현재 Money Matters사에서 행해지고 있다.

추천 페이지를 넘기면 실제로 실행된 것들이 목록화되어 있다. 페이지를 넘기기 전에 당신은 아마도 그것이 지금 당신 자신의 목록을 위한 흥미로운 훈련이라는 것을 발견하게 될 것이다.

구체적 제안

- 지점과 부서 수준에서 직무와 작업 조직을 재검토하라. 담당자는 직원들의 작업 수행이 활발히 진행되는지 파악하라.
- 체계와 절차를 토대로 지점 훈련을 더욱 개선시키기 위해 지점 관리자들을 격려하라.
- 직원들과 함께하는 신상품 설명회를 보다 개선시키기 위해 지점 관리자들을 격려하라.

- 지점 교육, 직원 관리, 고객 접촉과 거래에 있어 지점 관리자들과 책임 점원의 역할을 재검토하라.
- 부분적으로는 대표 위임을 격려하기 위해, 어느 정도는 지점들 사이의 전송수단으로써 지점 관리자들의 직무순환 사용을 검토하라.
- 직원들 사이의 접촉을 증가시켜라. 지점 문제를 재검토하고 개선을 위한 지역 파악을 위해 책임 직원들의 정규회의 상태를 검사하라(책임 직원들의 집단 재검토).
- 직원들에게 긍정적인 피드백을 제공하고자 하는 관리자들을 격려하라.
- 집단과의 의사소통을 위한 집단과 지점 관리는 조직을 통해 계획하라.
- 현 시스템에 기초하여 지점/부서별 공통의 수행평가 구조를 파악하고 명확히 하라.
- 집단 수준에서 회의, 훈련 및 환불 요청이 대등하게 이루어지는지 파악하라.
- 관리자들은 그들에게 질문하는 직원들의 걱정에 정당하게 답변하고자 하는 책임감을 가져라.
- 품질관리 역할을 재검토하라.
- 선택 조항의 다른 의미와 경제 효용을 포함해서 관리자들과 직원들을 위한 정보 제시를 재검토하라.
- 현장에서의 활동이 관리자들이 조직문제에 관해 일하는 업무현장으로 초점이 맞춰져 있는지를 포함해 발표 길이의 단

축과 회의 방식을 재검토하라.

- 변화의 압박과 관련한 스트레스 상담에 있어 관리자들과 다른 동료들의 지원이 가능케 해야 한다. 일부 관리자는 이런 지원을 위해 간단명료하게 스트레스 상담을 하도록 훈련받아야 한다. 혹은 지원의 원천을 보다 전문적인 부분에 둠으로써 사람들에게 그들이 요구하는 것을 제공할 수 있도록 해야 한다.

5 Chapter 변화 아키텍처

사례연구: Technology Associates

변화 아키텍처 블록

변화 아키텍처 연습

이 장에서 우리는 성공적인 변화를 위한 기본 원칙을 살펴보려고 한다. 성공적인 변화 프로그램의 특징은 무엇일가? 많은 보고서에서 얻을 수 있는 것 외에 도움이 되는 조언이 또 있을까? 일반적으로 관리자들은 '확실한 비전을 만들어라', '프로세스에 사람들을 참여시켜라', '의사소통하라, 의사소통하라, 의사소통하라', '사람들의 참여를 활성화하라' 등의 주문을 받는다. 이 모두는 옳은 말이다. 그러나 이것이 전부일까?

현실에서 조직 변화와 학습은 순환적인 과정이며, 이상적으로 연결된 변화와 학습은 '고결한 순환 고리'를 만들어낸다. 비전에서 실행까지의 일련의 진행과정을 포함하는 1차원의(선형의) 모델은 현실의(실질적인) 변화의 시작과 끝을 확실하게 규명할 수 없다. 그렇다고 그러한 과정이 성사될 수 없다고 주장하는 것은 아니다. 우리가 앞서 말한 바와 같이, 우리는 70%의 변화시도가 실패로 돌아간다는 비관적인 의견을 피력하는 조직 변화에 관한 보고서에 대해 매우 부정적이다. 우리는 또한 변화 과정을 '시작'에서부터 주요 이해관계자들을 포함하는 주요 과정까지의 수많은 과정을 의미하는 것으로 보고 있다. 변화 아키텍처로 체계화되어 우리로 하여금 변화를 수월하게 다루도록 도와주는 변화 프로그램을 실행하기 위한 많은 아이디어를 갖고 있는가?

Case Study

사례연구: Technology Associates

만약 당신이 경쟁업체, 수입의 불안정, 급격한 기술 변화, 주가 급락, 투자자의 압력, 법적인 문제 등의 어려운 압박 속에서 급진적인 변화를 맞고 있는 다국적 기업의 CEO라면 어떻게 하겠는가? 만약 당신이 세계적으로 수백 개의 본부에서 수만 명을 고용하는 ABB라면, 어떠한 변화 프로그램을 개발하겠는가?

Technology Associates의 경우를 보자. Technology Associates는 PC와 주변기기 그리고 소프트웨어를 제작하기 위해 제휴된 기업에 전적으로 소유된 가상의 정보관리 컨설팅 회사이다. 최근 몇 년 사이, 이 그룹은 하루 24시간, 주 7일로 가동하면서 공장 생산성과 소프트웨어 개발 능력을 크게 향상시켰다. 이런 지속적인 성장에도 불구하고, 이러한 생산방식은 영업에 상당한 압력을 주고 있다..

Technology Associates는 개념적으로는 '고객 서비스'라는 비전을 지향하면서, 사실은 이 그룹의 하드웨어와 소프트웨어의 판매를 극대화하고자 하는 판매에 대한 압박을 지속적으로 받고 있다.

이것은 Technology Associates의 컨설턴트들이 전적으로 고객의 요구를 무시하고 있다는 것을 의미하는 것은 아니다. 그러나 그들의 보너스가 그룹의 실적과 연계되어 있는 것은 사실이다. 경쟁사들은 아웃소싱을 하고 있기 때문에 특정 제품라인에 덜 얽매여 있으며 이는 Technology Associates의 입지를 흔드는 요인이 되고 있다.

이사회는 전략회의를 통해 이 상황을 되짚어 보고자 하나, 참고로, 그들은 현실을 충분히 이해하지 못하고 있다.

그들은 약 2년여에 걸쳐 '성과에 근거한 컨설팅'으로 사업모델을 전환하기로 결정한다. 이론상으로는 매우 간단한 발상이다. 이 변화는 컨설팅의 목적을 고객이 정의하는 성과에 좀더 다가서는 것에

Case Study

초점을 맞추는 것이다. 이사회는 이러한 변화가 컨설팅의 초점을 IT 방식의 판매에서 벗어나게 한다는 것을 알고 있다. 이것은 하드웨어와 소프트웨어를 잘 혼합하여 판매하는 것에서 탈피하여 고객과 함께 일하면서 그들의 요구를 이해하기 위해 일하는, 소위 '공동정의 솔루션'에 더 집중하는 것을 요구한다. 이것은 또한, 경쟁사의 압력으로 인해서 하드웨어와 소프트웨어가 상품화되면서 저부가가치 매출 증진에 맞추어져 있던 컨설팅의 초점을 다른 곳으로 돌리는 것을 의미한다. 대신 솔루션, 기능관리, 개발 작업, 교육 등의 고부가가치 산출물에 초점이 옮겨가게 되었다.

그러나 무엇보다도 이러한 변화는 상당히 어려운 과제이다. 이러한 변화를 이끌어냄과 동시에 그룹에서 요구하는 세일즈 목표를 계속해서 달성하는 것이 관건이다. 현재 요구되는 패러다임의 변화를 인식하는 것과 모그룹을 약체화시키지 않으면서 변화를 이끌어내는 것은 완전히 차원이 다르다.

더구나 변화한다는 것은 컨설턴트 자신들의 사고의 전환을 요구한다. 그들은 새로운 업무 방식, 새로운 툴과 기술을 도입해야 하고 완전히 새로운 관계정립과 고객 관리 시스템을 고안해내야 한다.

그러면 Technology Associates는 이러한 난관을 어떻게 극복했을까? 난관을 극복하기 위해서는 다음과 같은 다양한 과제가 있다.

1. 새로운 모델을 전개하기 위해 컨설턴트들이 갖춰야 할 기술, 능력 그리고 특징들을 규정하는 적성 모델을 개발하라.
2. 교육·개발 프로그램으로 컨설팅 기술 워크숍을 만들어라.
3. 새로운 사업계획에 대한 관리자와 컨설턴트 충성도를 파악하라.
4. 새로운 접근법과 연계할 수 있는 기존의 성과관리제도, 인력 개발, 지도프로그램, 평가 그리고 보상제도가 있는지 파악하라.

Case Study

이제부터 도입된 접근법을 살펴보자. 이사회 전략 포럼은 이사회와 지역 관리자 팀간의 회의로 이어졌다. 이 회의는 그룹, 주요고객 등에게서 얻은 데이터를 토대로, 새로운 비전의 이해와, 윤곽뿐일지라도, 새로운 비즈니스 모델의 수립, 그리고 그 비즈니스 모델 실행계획의 수립에 초점을 맞추었다.

지역관리팀은 새로이 연결해야 할 다양한 시스템에 대해 작업을 하면서 프로젝트팀에게 제안할 것을 요구받았다. 프로젝트팀은 이사회의 일원에 의해 주도되었으며, 이사회에 직접 보고하였다.

각각의 지역관리팀은 연결작업을 주도하는 팀원이 대표하였다. 또한, 프로젝트 관리자로 그룹의 고위 인사관리자가 2년간 파견되었다. 각 팀에는 많은 컨설턴트가 개입되었고, 그들은 포커스 그룹 과정을 통해 다른 컨설턴트들의 의견도 수렴하였다. 이 프로젝트팀에는 또한 사외 멤버도 참가하였다.

이 프로젝트팀의 첫 번째 과제는 능력 모델을 정의하는 것이었다. 이 첫 번째 과제는 개방된 경로를 통해, 그 분야의 컨설턴트들로부터 데이터를 수집하고, 특정 산업분야 외의 경험들도 살펴보는 것이었다. 이러한 과정을 통해 얻은 초기 산출물은 내·외부인으로 구성된 패널, 포커스 그룹, 그리고 지역회의를 통해 평가되었다. 프로젝트팀이 이 일을 수행할 때, 지역팀의 연결 프로젝트는 프로젝트팀의 진행상황을 통해 데이터의 제공역할을 하면서 동시에 지역팀원들을 대표하였으며, 능력 모델 개발의 진척도에서 그 존재의 의미를 찾았다.

능력 모델이 개발되었고, 프로젝트팀은 컨설팅 기술 워크숍 개발에 착수하였다. 구체적인 컨텐팅 작업에 앞서 몇 개의 매우 중요한 결정이 내려졌다. 우선, 지역팀 내의 팀원 중에서 시험운영을 위한 인원이 선발되었다. 또한 시험운영에 선발된 인원들은 컨설팅 기술

Case Study

워크숍이 기획되는 대로 강사진으로 활동할 것에 동의했다. 그들은 또한, 업무량에 따라 다른 컨설턴트도 강사진으로 영입될 수 있다는 것에 합의했다.

두 번째로, 워크숍과 그 이후의 활동사항을 지원할 수 있는 데이터베이스가 구축되었다. 참가자들은 3개월 단위로 새로운 모델의 진행상황을 보고하였다. 이 데이터베이스를 통하여 최선의 실행 교환 절차가 수립되었고 기존의 성과관리 시스템에 포함되어있던 지역수준 활동에 초점이 맞춰졌다.

그럼 이 변화 아키텍처의 특성에 관해 간단히 살펴보도록 하자.

- 상부의 사업방향은 매우 명백하다. 이사회는 새로운 비전을 수립하기 위해 전략포럼을 구성하였고, 그것을 발전시켜 새로운 비즈니스 모델과 수행계획을 수립하였다.
- 프로젝트팀은 이사회의 신뢰를 확실히 얻었다. 프로젝트팀의 대표는 바로 이사회의 일원이다. 프로젝트팀은 또한 지역팀의 팀원들을 활용한다. 지역팀은 연결프로젝트를 수행하고 있으며, 이 연결프로젝트는 프로젝트팀의 업무에 연결된다.
- 지역팀 팀원들은 컨설팅 기술 워크숍의 시험운영에 참가함은 물론이고 강사진으로 활동한다. 그리하여, 회사는 새로운 접근법을 정의하고 개발하고 그 즉시 변화를 가한다. 변화의 성취에 큰 공헌을 하지는 않지만, 사외 팀원들도 벤치마킹, 조언, 그리고 질문하는 역할을 한다.
- 제대로 적립된 follow-up 프로세스를 실행한다. 특히, 데이터베이스는 최고 실행사례를 효과적으로 이용하고 follow-up을 효과적으로 하기 위해 이용된다. 이 변화를 달성하기 위해서 중추적으로 요구된 것은 Technology Associate의 일관성 있는 고객 관리이다.

Case Study

Technology Associate의 많은 고객들은 국제적인 영업망을 갖고 있기 때문에, 여러 지역에 거점을 두고 있었다. 만약, 일관성 있는 고객관리 시스템이 갖추어지지 않는다면 혼선과 비일관성, 질 낮은 서비스와 높은 비용으로 이어질 것이다. Technology Associate는 Follow-up과정을 통해 일관성을 일구어나갈 계획이다.

프로젝트팀은 또한 초기 비즈니스 모델과 컨설팅 기술 워크숍이 완벽하지 못할 것이라는 것을 잘 알고 있다. 이 두 가지 모두 경험을 통해서 개선되어야 한다. Follow-up 프로세스는 바로 이것을 가능하게 하기 위해 최고 실행사례를 공유려 한다. 물론 이것이 결코 쉬운 것은 아니다. 그러나 Follow-up 과정을 위해서 모든 과정을 투명하게 하고, 포로젝트팀의 감독 하에 둔다면 효율을 높일 수 있을 것이다.

그럼, 이제 좀더 형식적으로 접근해보자. 우리는 변화 아키텍처를 어떻게 정의할 수 있을까? 다음을 살펴보자.

- 지배구조가 명백하다. 우리는 이사회가 어떠한 방식으로 모든 과정을 감독하고 있는지 명백히 알고 있으며, 변화가 어떠한 과정을 통해 시행될 것인지 명백히 알고 있다.
- 책임구조가 명확하다. 프로젝트팀의 책임은 이사회에 있다. 지역팀은 프로젝트팀을 지원하는 차원에서 연결 제안을 만들어 내야 하며, 그렇기 때문에 지역팀도 관련이 있다. 그러나 다른 컨설턴트 또한 능력 모델을 개발하는 과정을 통해 연관되기도 한다.
- 지역팀 팀원들은 컨설팅 기술 워크숍의 수행에 관련되어 있다.
- Follow-up 프로세스는 고객관리의 일관성을 확보하고 최고 실행사례의 활용도를 높이기 위해 노력한다.

Case Study

- 지역팀 팀원들과 다른 컨설턴트들이 강의를 했기 때문에 컨설팅 기술 워크숍 과정은 매우 유동적이었다. 사실 첫해에는 컨설턴트들의 요구때문에 워크숍 횟수가 두 배로 늘어난 바 있다.
- 전반적으로 봤을 때, 변화를 이끄는 집단과 변화과정을 관리하는 집단, 그리고 직접적으로 영향을 받는 사람들 사이에 상당한 연관성을 갖고 있다.
- 또한, 변화 과정은 상당한 수준의 투명성을 지니고 있다.
- 명백히 드러나지는 않았지만, 공정성을 통한 기대치 관리에도 상당한 관심이 기울여졌다. 특히, Follow-up 과정, 벤치마킹 그리고 최고 실행사례 교환 등은 물론이고, 내부 이해관계자들, 그룹(프로젝트 관리자를 통해) 그리고 외부 고문이 관여하였던 여러 단계에서 모두, 외부의 기대치와 현실에서 변화가 받아들여질 수 있는 실제적인 속도를 비교하는 현실적인 관점을 제공하였다.

이런 외부와 내부간의 대립은 간단한 문제가 아니다. 경쟁사의 압력으로 인해 Technology Associates는 신속하게 변화해야 한다는 강박관념에 사로잡히게 된다. 그러나 중요한 것은 이러한 강박관념에서 벗어나기 위한 너무 급격한 변화는 오히려 그룹의 불안정을 가져온다는 것이다. 그러나 우리가 GE의 예에서 이미 봤듯이, 이러한 강박관념은 그룹과 Technology Associates의 쇠퇴로 이어질 수 있다. 흥미로운 점은, 변화 속도가 컨설턴트들의 요구에 의해 결정되었다는 것이었다. 최초의 계획이 1년 사이 2배가 되었고, 유럽을 필두로 하여 전세계로의 확산이 급격히 가속화 되었다. 이러한 현상이 과정의 투명성, 관련 정도, 그리고 직무의 일관성 없이 가능했을까?

변화 아키텍처 블록

지금까지는 좋다! 그러나 어떠한 장애요인이 존재할 수 있을까? 우리는 이미 두 개의 문제 또는 장애요인을 보았다. 조직문화는 성공적인 변화 아키텍처의 수립에 큰 장애요인이 될 수 있다. 간단히 말하자면, 중요한 것은 가장 적절한 조직문화가 무엇이냐가 아니고, 조직문화가 긍정적인지 아니면 부정적인지의 문제이다. 가장 핵심적인 이슈는 문제 해결이다. 이것이 첫 번째 장애요인이다.

긍정적인 문화는 문제를 개방적이고 건설적인 방식으로 인식하고 토론하며 해결해 나가는 것이다. 사람들이 체면 차림이나 또는 문제에 대해서 민감하게 반응하는 것 때문에 문제가 묵살되지 않는 문화이다. 불충분한 성과를 무조건 비판하는 것이 아니라, 그 원인을 찾고 해결하기 위해 노력하는 문화이다. 문제해결은 해결책만을 찾기보다 문제의 원인을 찾는 것이다.

두 번째 장애요인은 성과관리에서의 투명성 결여와 연결되는 불충분한 측정법과 연관이 있다. 조직들은 종종 부정확하고 균형 잡히지 않은 성과관리 제도에 의존한다. 특히, 급격한 변화가 일어날 때는 이러한 현상이 더욱 더 극명하게 드러난다. 거의 대부분의 기존 측정법은 경제적인 성과와 활동 그리고 과거의 성과에 초점이 맞춰져 있다. 특히 이것은 변화 과정 속에서 큰 문제가 될 수 있다.

이것은 더 큰 맥락에서도 이해할 수 있다. 노르망디 상륙작

전에서 연합군의 지휘자였던 Dwight D. Eisenhower가 한 유명한 말이 있다. “전쟁이 일어나기 전에는 전투를 계획하는 것이 가장 중요하다. 그러나 전쟁이 일어나면, 모든 계획은 쓸모없는 것이 되어버린다.”

만약 전쟁이 시작되면서 모든 계획이 쓸모없어진다면, 우리에게 필요한 것은 무엇이란 말인가? 그것은 바로 초기 계획과 현재의 성과사이에 존재할 수밖에 없는 틈새를 좁히기 위한 문제해결 과정이다. 이것을 위해서는 앞서 언급한 교육과 follow-up 과정이 필수 불가결하다.

Manzoni(2000)의 연구는 이러한 개념에 힘을 싣는다. 그는는 ‘뛰어난 일꾼(Best Performers)과 열등한 일꾼(Weak Performers)의 태도’에 관한 한 연구에서 다음과 같이 주장한다.

1. 뛰어난 일꾼에게 관리자는
   - ▸ 주어진 업무와 프로젝트가 정확히 무엇(What)이며, 왜(Why)해야 하는지에 관해 토론한다.
   - ▸ 뛰어난 관리자들의 조언에 귀를 기울인다.
   - ▸ 더 많은 시간을 그들과 함께 보낸다.
   - ▸ 그들에게 좀 더 도전적 과제를 준다.
2. 열등한 일꾼에게 관리자는
   - ▸ 어떻게(How) 할지에 관해 토론한다.
   - ▸ 그들 자신의 생각을 강력히 밀고 나간다.
   - ▸ 활동과 결과를 조직적으로 감독한다.

▸ 재촉한다.

3. 다양한 연구들은 최고경영자들이 실패에 대해 차별적으로 조사하는 내부조직과 외부조직을 가지고 있음을 보여준다.

이것이 당신을 놀라게 했는가? 그것이 문제가 되는가? Manzoni는 하급자의 성과는 상관의 기대에 따라 조절되는 경향이 있다고 주장한다. 그러므로 악순환이 발생할 위험이 있는 것이다. 그러므로 최고경영자의 행동은 의문시 하는 것, 성급하게 하는 것 그리고 덜 긍정적인 보상을 하는 것과 뒤엉키게 된다. 이것은 '열등한 일꾼을 위해 직무를 주는' 최고경영자와 '경청하지 않거나 주의하지 않는' 하급자에 의해 차례로 인지된다. 전체적으로 하급자의 감각은 자신감과 존경심의 부족으로 과소평가된다. 그 결과 직장을 그만두거나, 기계적으로 행동하고, 최고경영자와의 접촉을 피하기도 한다.

Manzoni는 이것을 '실패 신드롬을 일으키는 것'이라 부르며 그것은 다음과 같은 다양한 '비용'을 가져온다고 말한다.

- 열등한 일꾼의 성과를 더욱 악화시킨다.
- 최고경영자의 시간과 에너지를 소모시킨다.
- 연약한 팀
- 부정적인 에너지
- 뛰어난 일군에게 점점 더 부가적인 일을 부담하게 한다.

그리고 이러한 행동양상은 다음과 같은 때에 발생할 가능성이 높다.

- 결과에 대한 압력이 높을 때
- 부서에서의 보유기간이 짧았을 때
- 제한된 목표의 범위를 강조하는 성과 시스템을 재검토할 때
- 아첨하는 조직과 보다 큰 통제 기간이 있을 때

그리고 우리는 이미 이러한 많은 제약이 조직구조 상의 부가가치의 결과 때문도 급격한 변화의 결과 때문도 아니라고 정의하였다.

Gratton(2000)은 '절망 주기'와 Hewlett Packard에서 대담을 나누고 관찰했던 것이 유사하다고 주장했다. '희망 주기'는 그녀가 '공정한 정의'로 묘사했던 선택의 목소리와 함께 변화에 영향받은 사람들이 제공한 것에 의해 창조되었다. 후자는 아마도 공평한 대우에 대한 지각과 존경으로 사람들을 대하는 것에 대한 것일 것이다. (그러나 Carnall는 실제 이 개념의 복잡성에 대해서 1982년에 이르러서야 이해한 바 있다.) 우리는 명백히 조직 세계의 'hard'와 'soft' 사이의 교차로에서 그것이 행해지는 대로 해야 한다. 단지 변화를 다루는 많은 문제들은 명백하게 부적절한 관리와 하부구조 하에서 나타난다. 그러므로 우리는 변화 아키텍처를 여럿 가운데서도 특히 이러한 문제들과 함께 다루어야 한다고 주장한다.

Gratton의 책(2000)은 그녀가 현재 변화 아키텍처와 밀접하

게 관련되어 있는 전략적 방법론에 대한 생각을 발전시켰기 때문에 현대적인 의미가 있다. Gratton은 '생존전략'을 창조해내기 위한 6단계를 요구했다.

1. 1단계: 공동의 지침규정을 만들어라.
   그녀는 일반적인 고위 관리자, 전문인력, 신규인력, 직속상사, 직속 부하를 이해관계자들의 다섯 가지 핵심 과제와 동일시한다.
2. 2단계: 미래를 시각화하라.
   그녀는 이 단계에서 사람들의 문제를 시각화하도록 그녀 자신을 제한한다. 그러므로 그녀는 Phillips Lighting에 고위 관리 팀의 전략 목표 제시, 25% 시장점유율 증가, 유럽 랭킹 1위, 그 밖에 다른 국가에서의 랭킹 2위, 고객만족 1위 등 팀의 시각화를 위한 관련구조 고안방식에 대해 이야기한다. 다음으로 이러한 팀의 시각화는 조직적인 요인과 목표 전달에 있어서의 높은 영향력 – 다시 말해 새로운 사업 전달 구조 능력과 조직을 이끄는 연락망 – 으로 확인된다.
3. 3단계: 차이를 인식하라.
   현재의 위치를 이해하고 차이를 인정하라. 그녀는 위험 매트릭스, 현재의 제휴와 반대되는 필수적인 2차원의 전략 모델을 제시한다.
4. 4단계: 경로화하라(Mapping).
   주요 주제를 확인하라. 즉 고객 집중, 혁신, 세계화 그리고 시장점유율, 변화수단을 확인하라. 다시 말하면 동적인 모델과 하위 직위들에게 요구됐던 확보, 개발, 보상, 유지를 확인하라는 것이다.

5. 5단계: 동적인 비전을 본받아라.
   이 마지막 단계는 성취단계에서 볼 수 있다. 그녀는 우리에게 흥미로운 두 가지 원리를 제시한다.
6. 6단계: 실천하라.
   - 뛰어난 일꾼들을 전략적으로 나아가게 하기 위해 변화를 만들어라. 과정과 실행 그리고 가치에는 수단이 따라온다. 그녀는 가치와 '수단'이 변화의 결과가 되기는 하지만 변화를 창조하는 수단은 아니라고 주장했다.
   - 영향력 분야의 실체 속에서 변화를 배경으로 영향력을 이해해라.

변화 아키텍처의 재검토에 대해 Gratton은 그 여행이 아래와 같은 4개의 실행지침의 원리를 포함한 새로운 전략을 창조해내기 위한 것이라고 주장한다.

- 끊임없이 주도적으로 협력을 구축하라.
- 변화를 위한 능력을 키워라.
- 계속해서 그 주제에 집중하라.
- 성과를 측정하는 방법을 구축하라. 우수한 측정은 인재개발, 행동과 태도의 영역에서 이루어지며, 그렇지 못한 측정은 단

지 재무적 성과를 포함한다는 점을 주목하라.

이것은 너무나도 단순화된 내용이다. 사람에 관련된 측정에서만 선도적인 측정이 발견된다는 주장은 한마디로 올바르지 않다. 만약 당신이 엔지니어링 사업에 눈을 돌리고 있다면 선도적 측정만큼이나 기술력이 중요할 것이다. 투자 시점에는 대부분이 아직 개입조차 하지 않고 있던 사람들만을 보고 인간게놈 프로젝트에 투자를 결정한 Wellcome Trust는 성공하겠는가, 아니면 실패하겠는가? 또한, 당신이라면 사람만을 보고 NASA에서 수행하는 목성 프로젝트에 투자여부를 판단할 수 있겠는가? 이는 한마디로 너무 편협적이라고 할 수 있으며, 우리가 어느 다른 방식으로 하나의 극단적인 방식을 대신하려는 것이라 할 수 있다. 그럼에도 불구하고, 전략의 설계와 전략적 변화과정에 관련하여 당신이 따라야 하는 접근의 전반에 걸쳐 공감대가 형성되어 있다.

참여와 개입사이에는 차이가 있는 것인가? 이에 대해 우리는 그렇다고 주장한다. 예를 들어, 내가 누군가에게 특정한 주제에 관해 그들의 의견을 전해달라고 요청한다면 나는 그 주제에 개입된 이슈들과 주제에 관한 그들의 참여를 얻어내려고 노력할 것이다. 그러나 나는 논쟁과 대화 그리고 의사결정 등의 과정 속에 그들을 개입시키려하지는 않을 것이다. 우리는 단지 이것을 후자가 너무 광범위하게 사용된다고 정의함으로써 개입의 사례로 설명할 수 있을 것이다. 만일 내가 다시금 누군가에게 진로상담에 대한 논의에 앞서 특정한 변화에 관한 그들의 생각을 묻는다면 나는 그들을 개입시키지 않으면서 변화에 대한 그들의 생각만을 얻고자 할 것이다.

이러한 구별은 이 같은 점에서 의미가 있다. 우리가 변화의 시기 중에 의사소통의 필요성에 관해 이야기 할 때 우리는 종종 의사소통이 양방향으로 이루어져야 한다고 주장한다. 사실상 이것은 우리가 피드백 과정에 있어 실제 그러한 기회를 거의 제공하지 않기 때문에 현실적이지 못하다. 그러나 현대의 관행은 전자메일을 통한 실시간 회의, 오프라인 회의 등을 통해 점점 더 많은 피드백을 제공하고 있다. 따라서 우리는 비전, 목표, 계획과 진척에 관한 단계적 메시지를 위한 과정으로서 의사소통을 생각하라고 제안한다.

참여는 피드백이나 아이디어를 얻기 위한 시도를 나타낸다. 우리는 변화에 대한 생각을 자극하려고 한다. 개입은 사람들로 하여금 태스크 포스나 작업집단 혹은 포커스집단 등에 관여토록 이끄는 것이라 할 수 있다.

변화에 대한 어떠한 제안들이라도 두 가지 중요한 전후상황적 관련성을 가지는데, 그것은 비전과 전략변화 아이디어 등에 영향을 미치는 힘으로서의 변화추진력과 변화 아키텍처 그 자체이다. 변화를 위한 추진력은 경제적 변화율과 사업영역의 환경, 현재성과와 주주의 시각 그리고 제시된 목표의 도전성의 정도를 포함한다. 변화 아키텍처는 앞서 설명되어진 바와 같다. 결합된 두 가지는 핵심 주주들 사이에서 결과에 대한 높은 자신감과 낮은 자신감을 이끌어 낸다. 만약 자신감이 낮다면 쓸모없는 행위를 할 가능성이 높다. 반대로 자신감이 높은 경우에는 보다 긍정적인 행위를 하게 될 것이다. 그러나 그 연결고리는 곡선형이 된다. 너무 신중하거나 지나치게 변화에 대한 접근이 이루어지면 추진력의 방향이 역시 부정적일 가능성이 높다. 예를 들어, 목표의 도전성의 정도가 환경에 도전하기에 적합하지 않거나 혹은 도전성의 정도가 너무 높으면 변화 아키텍처의 개발은 불충분하게 이루어질 것이다.

이러한 개념은 그림 5-1에 제시되어 있다. 여기서 우리는 변화관리에 있어서의 성공이 조직에 있어서의 통합, 효과적인 성과관리 그리고 변화 프로그램에 있어서의 효과적인 프로젝트 관리를 요구한다고 주장한다. 성과 관리에 있어서 우리는 단순한 변화 프로그램이 아닌 조직 전체의 성과관리에 주목한다. 통합을 통해 우리는 변화 프로그램에 대한 프로젝트 관리는 조직의 성과관리와 통합되어져야 한다고 말했다. 비록 성과를 측정하기 위한 새로운 접근이 실제로 성공적으로 이루어진 경우가 거의 없다고 하더라도, 예를 들어 '균형성과표(BSC)' 등은 성과측정을 상당히 효과적으로 할 수 있는 방법이 될 것이다.

이러한 과정들이 어떤 변화와도 관련지어 자리를 잡고 실행될 수 있도록 하기 위해서는 다음의 세 가지 결정적인 요소를 고려해야 한다.

1. 목표의 도전성과 위험: 변화하고자하는 도전성이 더 많다고 해서 우리가 성공할 가능성이 더 낮아지는가? 분명히 이는

〈그림 5-1〉 변화 아키텍처

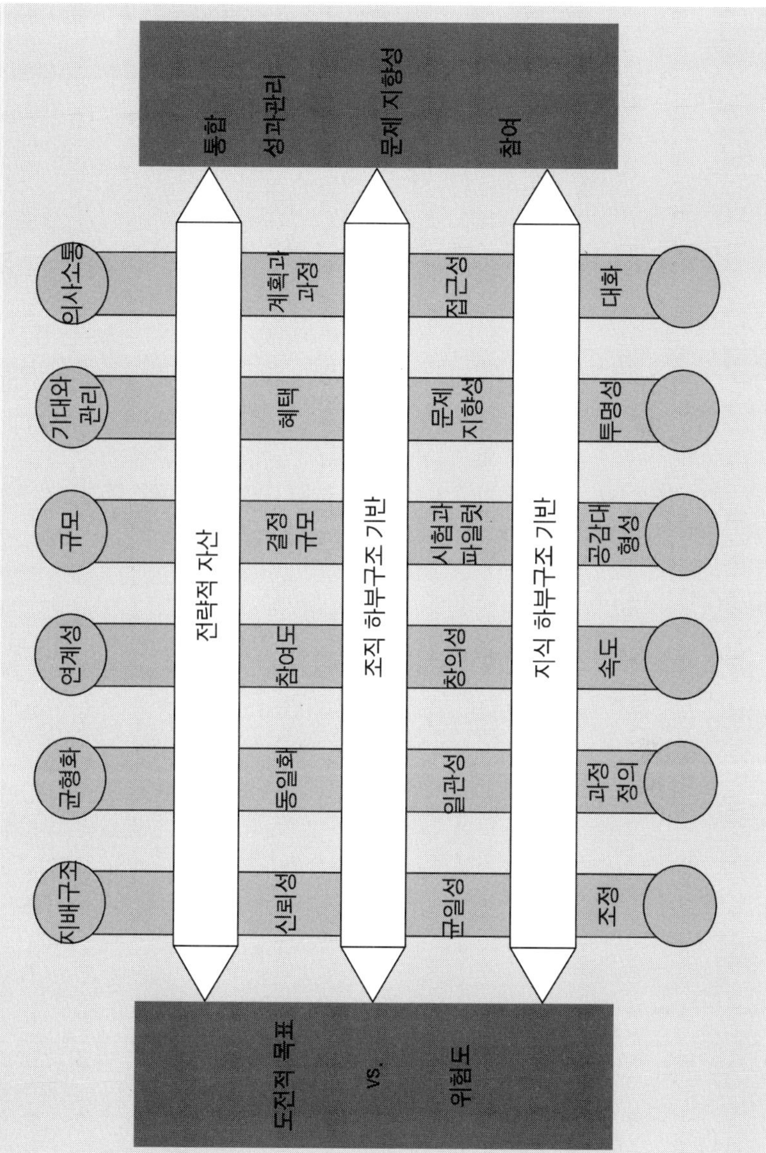
도전적 목표
vs.
위험도
통합
성과관리
문제 지향성
참여
전략적 자산
조직 하부구조 기반
지식 하부구조 기반
지배구조
균형화
연계성
규모
기대와 관리
의사소통
신뢰성
동일화
참여도
결정 규모
혜택
계획과 과정
균일성
일관성
창의성
시험과 파일럿
문제 지향성
접근성
조정
과정 정의
속도
공감대 형성
투명성
대화

사실이 아닐 것이다. 그 관계는 아마도 곡선형으로 이루어져 있을 것이다. 너무 높은 수준의 야망과 너무 낮은 수준의 도전적 목표일수록 성공의 가능성은 낮아지기 때문이다. 그럼에도 불구하고 목표의 도전성과 위험에 대한 의문점은 분석의 중요한 대상이 될 것이다.

2. 이용할 수 있는 '전략적 자산', '조직 하부구조' 그리고 '지식 구조': 요컨대 여기서 우리는 현존하는 자원과 역량에 주목하고자 한다. 만일 모든 조건이 같다면 이러한 것들이 든든할 경우에 성공할 가능성은 보다 높을 것이다.
3. 끝으로, 변화 아키텍처: 이것은 변화관리 업무의 부분으로써 우리가 작업할 수 있는 차원들이다.

차례로 변화 아키텍처의 차원을 다루어 본다는 것은 우리가 실무지침으로써 각각의 차원에 대한 요소를 살펴볼 수 있다는 것이다.

변화 아키텍처 연습

변화 설계 실행지침

Toolkit

	그저 그렇다 1	2	3	4	매우 그렇다 5
1. 관리					
1.1 변화과정에 있어 모든 부문의 책임은 명백하다.					
1.2 변화과정에서 요구되는 모든 노력과 과업, 공정들은 계획된 결과에 따라 일관되게 맞추어져 있다.					
1.3 개인과 집단의 모든 노력이 적절히 조정된다.					
2. 수단적 활용					
2.1 자원, 기술, 지식의 기준은 새로운 시스템, 공정, 독창성의 전개를 가능케 한다.					
2.2 변화의 모든 요소들은 꾸준히 활용되고 있다.					
2.3 (변화를 위한) 모든 가치는 현존하는 자산과 자원으로부터 얻어지고 있다.					
3. 연결성					
3.1 주요 재정적 이해관계자들이 적절히 역할수행을 하고 있다.					
3.2 변화과정은 생산적으로 관리되고 있으며, 새로운 아이디어가 환영받는다.					
3.3 자원의 지원은 변화과정이 빠른 속도로 다뤄지도록 한다.					

Toolkit

	그저 그렇다 1	2	3	4	매우 그렇다 5
4. 변화 단계					
4.1 상당한 가능성과 경쟁력 및 지원이 개발되어 있는 상태이다.	■	■	■	■	■
4.2 새로운 아이디어와 기술들을 배우고 테스트하기 위한 파일럿 테스트, 실험, 시뮬레이션이 만들어져 사용되고 있다.	■	■	■	■	■
4.3 새로운 시스템은 코드화가 되어 있고, 공정에 대한 정의가 개발되어 있으며, 학습이 진행되고 있다.	■	■	■	■	■
5. 기대 관리					
5.1 혜택은 명확하고 구체적이다.	■	■	■	■	■
5.2 변화 과정은 '문제 지향적'인 방식으로 다루어지고 있다.	■	■	■	■	■
5.3 변화관리에 있어 투명성이 있다.	■	■	■	■	■

일부는 의사소통과 사람관련 문제가 있는 곳을 기초로 하여 즉각적인 논의가 이루어질 것이다. 변화에 있어서 개인과 팀의 역동성은 중요하며 이것은 책의 전반에 걸쳐 다루어진다. 이러한 역동성이 변화에 대한 저항과 사람에 대한 영향력 등과 관련된 이슈들의 중요성을 감소시키지는 않는다. 오히려 만약 이를 통해 유용한 변화 아키텍처가 정립된다면, 우리는 이러한 이슈들을 좀 더 효과적으로 다룰 수 있게 될 것이다. 의사소통 역시 유사하다. 의사소통은 변화 아키텍처의 6번째 차원으로 포함되어 있는데, 구체적인 것은 다음과 같다.

Toolkit

	그저 그렇다 1	2	3	4	매우 그렇다 5
6. 의사소통					
6.1 변화를 위한 의사소통 계획은 다음과 같은 내용을 담고 있다.	▒	▒	▒	▒	▒
6.1.1 진행과정과 성과	▒	▒	▒	▒	▒
6.1.2. 미래 계획과 의도	▒	▒	▒	▒	▒
6.1.3. 해결해야할 핵심이슈에 대한 상담	▒	▒	▒	▒	▒
6.2 계획은 개인 및 팀들에게 뚜렷한 접근 기회를 제공함으로써 그들의 견해를 알리고 새로운 정보를 얻을 수 있도록 한다.	▒	▒	▒	▒	▒
6.3 진행되는 변화를 보다 잘 이해할 수 있도록 돕고자 조정안이 분석 및 획득, 의사소통을 위해 존재한다.	▒	▒	▒	▒	▒

6
Chapter
변화를 가능하게 하는 하부구조

사례연구: Marriott Hotels

변화관리 워크숍 - 증거

복잡한 변화를 다루는 학습 전략

사례연구: Lufthansa

내가 생각하기에는 가장 먼저 고려해야 하는 것은 역시 조직문화이다. 그렇다면 조직문화는 변할 수 있을까? 어떤 이들은 그렇다고 대답한다. 그러나 상당한 노력과 긴 시간이 필요할 것이라고 한다. 만약 당신이 이 의견에 동의한다면, 당신은 더 융통성 있는 조직문화가 필요하다는 인식을 한 상태에서, 조직문화의 변화가 다른 변화들을 성취하는 것보다 더 오랜 기간이 필요하다는 의견에 동의하는 것이다.

Case Study

사례연구: Marriott Hotels

Marriott 호텔의 기업윤리는 '눈여겨보라, 그리고 눈에 띄어라.'의 철학을 따른다. 사람들은 자신의 충성심과 헌신성을 보이기 위해 근무시간을 연장하여야 한다고 생각했다. 표면화하기 어려운 문제였지만, 신세대 관리자들은 점점 더 업무와 사생활 사이의 균형의 중요성을 인식하기 시작했다. 결과적으로, 호텔에서는 능력 있는 사원들을 고용하고 유지하는데 어려움을 겪게 되었다.

이것은 매우 어려운 변화의 문제이다. 조직문화의 변화는 매우 뿌리 깊게 내재되어있는 행위의 변화를 유도하는 것이다. 이런 변화들이 특히 다루기 힘들다. 그러나 호텔이 직면한 가장 중요한 문제는 바로 그곳에 있다는 것을 남에게 보이기 위해 습관적으로 늦게까지 회사에 남아있는 'face time'과 실제로 효율적인 일꾼이 되는 것과는 상당한 거리가 있다는 것이다. 과연 'Face time'으로 운영되는 조직이 인력을 소중히 여기는 조직일까?

Case Study

2000년대 초, Marriott 호텔은 3개의 호텔에서 '경영의 융통성'이라는 테스트 프로그램을 시행한 바 있다. 이것은 당초 6개월간의 실험으로 계획되었다. 초기에는 회의와 진행 경과 등의 재고를 통해 손쉽게 성과를 얻을 수 있을 것이라고 판단했다. 성공은 다음의 네 가지 기준, 즉 근무 시간, 업무와 관련된 스트레스, 경제적인 성과(불리한 영향 없음), 서비스 수준에 의해 측정되는 것이다. 실험은 대상이 된 호텔의 수석팀 미팅에서 처음으로 시행되었다. 컨설팅 회사는 실험대상 호텔의 관리자 165명을 대상으로 포커스 그룹 인터뷰를 하였다.

이 포커스 그룹은 비효율성과 불필요한 이중노력을 줄여 시간을 아낄 수 있는 다양한 종류의 업무진행 변화를 제안했다. 한 예로, 이메일 사용이 언급되기도 했다. 정기적인 회의들이 도마에 올랐으며, 어떠한 경우에는 중지하는 등 회의의 빈도수를 줄여나갔다.

더욱 중요한 것은, 실험대상 호텔의 수석팀이 새로운 업무 방식에 대해 고민하기 시작했다는 것이다. 그들은 단지 업무시간을 줄이는 것이 아니라, 호텔에 있는 동안 업무효율을 높이는 것에 초점을 맞췄다. 그들이 전하고자 한 메시지는 'face time'이 중요한 것이 아니며, 자신의 목적을 달성하고, 자신의 책임을 다하고, 고객에게 가치를 전달하는 것이 중요하다는 것이었다.

실험기간이 3개월이 지나자 호텔의 직원들은 더 이상 얼마나 오래 근무를 했는지에 대한 농담을 하지 않았다. 직원 설문조사를 통해 실험기간 동안 사람들의 태도에 큰 변화가 있었다는 것을 알 수 있었다. 또한, 실험 전에는 저부가 가치의 업무에 12시간을 소요한다고 보고한 관리자들이 이제는 7시간만을 소요한다고 보고했다. 그러나 다른 데이터를 살펴보았을 때, 고객들이 느끼는 서비스의 질은 변하지 않았고 실적 또한 줄지 않았다는 것을 알 수 있었다. 수확이 있었던 것이다. (Munch, 2001)

그렇다면, 오랫동안 뿌리 깊게 내려온 관습도 바뀔 수 있다는 것이 명백해졌다. 이것은 적어도 다른 변화들의 부산물로써 조직문화의 변화를 이룰 수 있는 방법이 있다는 것을 의미하는 것이다.

어떤 이들은 조직문화를 직접적으로 바꿀 수 있다고 믿는다. 그러나 내가 최근에 본 최고 실행사례는 우선 행동의 변화 등 다른 변화에 초점을 맞춘 뒤 조직문화 변화는 장기적으로 접근하는 것이다. 그리하여 Thornberry(1999)는 KPMG가 어떻게 '가치를 통한 문화의 재활'을 모색하였는지를 보여준다. KPMG의 조직문화 변화는 당시 진행중이던 관리자 개발 프로그램의 한 부분으로써 어떤 한 사람에 의해 일어났다. 그녀는 궁극적으로 현실주의와 '실용적인 실행법'을 요구했다.

이러한 접근법은 다음의 3단계로 이루어졌다. 진단, 새로운 문화의 비전 창조와 그것의 이행, 그리고 연장접근법(Toolkit Approach)이 체계적으로 도입되었으며, 각 지역 또는 지역의 관습에 맞게 수정되었다.

이 과정의 대부분은 행위를 규정하는데 초점이 맞추어졌다. 그러나 그 과정의 많은 부분은 '가치게임 (The Values Game)'이라는 관리자 게임과 '실행 가이드', '리더십 연결', '개인과 팀 개발', '의사소통', '프로세스 관리'(이벤트, 리서치, 진행 경과 측정 등을 진행하는 방법을 제공함)와 이론적인 배경을 제공하는 논문들을 포함하는 실행지침 속에서 이루어졌다.

초점은 우리가 누구인지, 무엇을 믿는지, 무엇을 하는지, 그리고 우리가 무엇을 변화시켜야 하는지에 맞춰졌다. 궁극적인 목적은 진단, 비전창조, 그리고 토론을 통해서 행동양식을 변화시키고, 이러한 행동변화를 통해 긍정적인 새로운 가치를 보강하고 새로운 조직문화를 이끌어내는 것이었다.

조직문화 변화프로그램을 살펴보면 항상 이러한 유형을 발견할 수 있다. 무엇을 행동하고 생각하고 원하는지 어떻게 행동하는지 혹은 행위의 결과를 어떻게 해석할 것인지에 대한 인지적이고 행위적인 분야에 초점을 두고 있다. 조직문화의 변화는 다른 변화과정에서 파생하게 된다.

이는 결국 직접적으로 조직문화를 변동시킬 수 없다는 것을 의미하는가? 그것은 아니라고 할 수 있으며, 왜 그런지 살펴보기 전에 우선 조직문화의 정의를 살펴보자. 기본가정(assumptions), 지각(perceptions), 의미의 다양한 형태(Patterns of meanings), 상징, 가치와 같은 문화에 대한 다양한 정의가 있다. 더구나 조직문화는 사회적으로 구조화되며, 시장, 기술의 수준, 집권화와 분권화된 조직 구조와 기능에서 비롯된다.

조직문화에 대해 합의된 내용은 다음과 같다.

- 정의하기 어려움
- 다차원적 성격(multi-dimensional)
- 변화(changing)
- 문화간 충돌이 발생할 경우 오해 발생
- 문화충격이 발생 가능

- 긍정적일수도 부정적일수도 있음
- 오랜 시간에 걸쳐 만들어짐

그러나 문화적 다양성을 혁신의 원천으로 봐야하는지는 명확하지 않다. 지리적, 경제적, 역사적, 언어, 종교-정치를 포함한 문화를 분류하는 다양한 기준이 있다. 그러나 본 저서에서는 가치, 조직, 혹은 사회적으로 정의된 분류 시스템을 주로 사용한다. 예를 들면 다음의 저자들은 문화를 다음과 같이 분류하였다.

Hofstede(1988)	권력 거리(distance)
	남성성-여성성
	개인주의-집단주의
	불확실성회피 성향
Deal과 Kennedy(1982)	남성적 문화
	열심히 일하고 노는 문화
	투기적 문화
	과정 문화
Schein(1992)	권력
	역할
	성취
	지원

다양한 인력관리 영역이 문화의 영향을 받는다.

- 입사(getting in) – 모집과정(recruitment process)
- 진입(breaking in) – 충돌단계(encounter stage)
- 정착(settling in) – 변형단계(metamorphosis stage)

아래의 프로세스 또한 문화의 영향을 받는다.

- 계획
- 공식 vs 비공식
- 단기 vs 장기
- 명시적 vs 암묵적
- 경력관리
- 평가와 보상
- 선발과 유지

이러한 연구자들은 조직문화를 측정할 수 있는 설문서를 제공하고 있지만 본 저서의 목적상 가장 흥미로운 접근방법은 문화측정 설문서와 더불어 그들이 측정한 4개의 문화차원에 긍정적인지 부정적인지를 검토한 고피와 존스(Goffee and Jones, 1998)의 연구이다.

이러한 접근법은 변화관리 분야의 실무적인 차원에서 중요하다. 문화를 바꾸는 데는 수년이 걸릴 수 있지만 긍정적인 혹은

〈표 6-1〉 변혁적 변화

일상적인 활동	적응조직/변혁적 변화
최고경영층	모호성 리더
성과지향적이고 지속적인 개선	변혁적 리더십
경쟁압력	위험감수성
관리자 지도	변화사례창조
대규모조직과 기능을 관리	변화 가능한 환경창조
전략의 창조	인적기반으로의 전환
중견관리자	변혁적 관리의 실행
성과지향적이고 명확한 목표	변화의 속도
경쟁적인 환경	모호성
제한된 범위 내의 관리	제한된 지식을 활용한 운영
프로젝트 관리	프로젝트관리
네트워크 내의 관리	타인의 메시지와 의사소통
	복잡성의 증대

문제지향적인 접근법을 고안한다면 어떤 조직문화든지 변화를 이룰 가능성이 높기 때문이다. 이러한 변화는 결국 조직문화의 변화를 이끌어낼 것이다.

표 6-1에서와 같이 경영방식의 변화를 필요로 하므로 적응조직(adaptive organization)이 요구된다.

표 6-1의 매트릭스는 최고경영층과 일반 관리자 혹은 중견관리자들의 통상적인 경영활동과 변혁적인 변화에 초점을 두고 있다. 문제지향적 접근법이 중요하나 변혁적 변화에서 문화변화과정에서 파생될 수 있는 모호성, 위험, 불확실성에 대한 근원적인 재고(radical rethinking)가 필요하다. 재고는 학습을 창출하고 따

라서 변혁적 변화는 경영층이 '학습창출'에 초점을 두게 만든다.

전략적 변화는 리더십 및 학습과 깊은 관련이 있다. 외부환경이 급격하게 변화는 상황에서 리더십은 도전적인 프로세스, 혹은 속성, 다양한 아이디어 혹은 행위로 볼 수 있다. 물론 이러한 견해는 현재의 리더십에 대한 선입관과 실무차원에서의 리더십의 의미에 대한 관점이 다양함을 보여주는 것이다. 그러나 리더가 조직의 전략적 비전을 설정하고 그러한 비전을 성취하는데 핵심적인 역할을 할 것으로 기대한다. 하지만 저자들의 접근법은 다른 사람들 특히 우리들 자신의 몰입과 개입을 할 수 있는 여지를 찾아보고자 한다. 오늘날의 변화하는 환경을 고려해 볼 때 제대로 이해하기 위해서는 학습이 무엇보다 중요하다 하겠다.

Meyerson(2001)은 내부로부터 현 상태에 대해 점진적인 도전을 시도하는 대결적 접근법(confrontational approaches)을 회피하려는 사람에 대해 분석하였다. 이러한 사람들은 온건한 방법으로 엄청난 변화를 추구하기 때문에 '온건한 급진주의자(tempered radicals)'로 불린다. 이들은 조직을 변화시키기 위해 다양한 방법을 사용할 수 있음을 보여주고 있으며 핵심적인 내용은 조직 내의 조직 및 행동 규범에 따라 운영되는 조직 내부로부터의 리더십은 건설적인 방법으로 변화에 도전할 수 있고 상당한 변화를 이룰 수 있다는 것이다.

Edmonson, Bohmer, Pisaro(2001)는 학습리더가 어떻게 새로운 업무수행 방식을 팀에서 도입하도록 촉진시키는지를 연구하였다. 학습리더는 접근하기 쉽고, 투입을 요구하며 오류를 인정하며 명확하게 학습을 관리한다. 따라서 급진적이지 않는 방법으로 획기적인 질문을 던지는 사람들이다. 그들은 파괴적으로 행동한다기보다 확신을 가지고 행동한다.

따라서 저자들이 창출하고자 하는 새로운 비전과 변화에 필요한 프로세스를 형성하는 데 다학제간 활동(multi-disciplinary activities)이 필요하다. 이러한 활동에는 컨퍼런스, 변화관리 워크숍, 전략포럼, 이사진 여행(away days), 심포지움 등이 포함된다. 그러나 이러한 활동의 목적은 아이디어, 관점, 대화의 공유를 위한 것이다. 변화에 관한 제안이나 향후 경영의 미래에 대한 논쟁에서 이러한 제안들이 자리매김하는데 도움을 줄 수 있는 내외적인 이해관계자들이 관련된 아이디어, 견해, 경험을 가지고 있기 때문에 아이디어와 관점의 공유는 항상 중대한 변화과정의 한부분이 될 수밖에 없다.

변화관리 워크숍 – 증거

다학제간(multi-disciplinary) 워크숍은 변화프로그램에서 많이 사용되는 기법이다. 큰 변화를 겪고 있는 기업은 그러한 워크숍을 실행한다. 때로는 학계나 컨설팅 기업의 도움을 받아 수행하기도 하고 자사의 자원을 활용하여 운영되기도 한다. 그러나 변화관리 관련 연구문헌을 검토해보면 워크숍에 관한 연구가 별로 없음을 알 수 있다. 워크숍의 설계, 프로세스 혹은 운영에 관한 연구가 별로 없고 평가에 관한 연구 또한 부족하다.

그러나 학자들은 그러한 워크숍이 주요하다고 믿고 있다. 예를 들면 Beckhard와 Pritchard(1992)는 비전이 이끌어가는 변화노력(vision-driven change effort)을 다음과 같이 설명하고 있다.

> 최고리더는 기업의 가치와 원칙을 함께 검토하고 발전시킬 수 있도록 다양한 회의를 준비한다. 이러한 회의는 최고경영층과 고위관리자를 포함한다. 최고경영자는 전체 고위관리자들이 가치와 원칙을 소유하는 것이 중요하다고 믿고 있다. 최고리더는 이러한 회의를 통해 가치와 원칙이 그들의 행동을 이끌 수 있도록 하게 만들길 원한다.

변화관리 워크숍의 목표 중 하나는 바로 소유의식과 내부업무 담당자의 합의 그리고 몰입을 높이는 것이다. 저자들은 변화에서 파생되는 문제나 몰입을 높이는데 도움이 되는 교육프로그램의 역할을 논의하고자 한다.

Vince(1996)는 공공부문 고용 기관의 평등기회 정책과 관행에서 좋은 관행을 지원하는 실행계획 개발을 위한 연구/훈련 프로세스 평가도구를 제시하였다. 워크숍은 훈련프로그램에서 중요한 역할을 수행하며 참석자들은 이 과정을 통해 명확하게 평등고용에 대해 학습하였다고 느끼는 것으로 나타났다. 워크숍은 단순히 교육자에 의해 이루어지는 것이 아니라 최고경영층에 의해 이루어져야 함을 강조하고 있다. 자료에서 명확하게 제시되고 있지는 않지만 후자는 워크숍 이후에 최고경영자로부터의 헌신이 있는가가 주요 관심사임을 보여준다.

관심의 또 다른 차원에서 Ellinor와 Gerard(1998)는 대화가 어떻게 변화와 변혁을 위한 건설적인 방법으로 주요 문제에 대해 전반적인 대화를 할 수 있게 하는지를 보여준다. 핵심적으로 두 가지 유형의 대화를 이들은 규정하고 있다.

1. 수렴적 대화: 최상의 관점, 의견, 응답으로 토론을 좁혀가는 방법
2. 확산적 대화: 다양한 관점으로 토론을 확대시켜가는 방법

중요한 것은 각자가 적절한 시기에 개입하는 것이고 적절한 시기란 변화관리 워크숍의 초기를 말한다. 따라서 다음의 프로세스가 중요하다고 보고 있다.

1. 경청 – 공유할 수 있는 의미에 초점
   - ▸ 결과 공개
   - ▸ 차이 존중
2. 판단 보류하기 – 질문과 변론의 균형
   - ▸ 마음이 움직일 때 대화
   - ▸ 역할과 직위의 보류
   - ▸ 집단대화
3. 질문과 성찰(reflection) – 저항 없는 청취
   - ▸ 책임감의 공유
   - ▸ 실시간 교육(Go-Live)

이러한 내용이 변화관리 워크숍 프로세스를 평가할 수 있는 평가의 지침이 된다. 그러나 프로세스를 평가할 수 있는 평가의 틀이 되기 위해서는 워크숍 프로세스에 영향을 줄 수 있는 관측 가능한 방법론이 필요하나 이 단계에서는 직접적인 증거를 얻을 수 있을 정도로 상세하게 다루지는 않겠다.

Cope(1996)는 변화를 추진하기 위해 사용되는 '단계적 이벤트' 연구를 제시하였다. 그는 글로벌정보통신사업에서 수행된 단계적 이벤트의 한 프로그램에 대한 평가연구를 보고하였다. 워크숍 진행자와 참여자 모두를 면접하였다. 단계적 이벤트의 역할을 설명하기 위해 내용분석을 통해 얻은 158개 항목을 다시 14개의 범주로 분류하였다. 이 연구에서는 단계이벤트를 사전 이벤트, 이벤트, 사후 이벤트로 구분하였다.

Emery와 Purser(1996), Bunker와 Alban(1996) 그리고 Jacobs (1994)은 소속감과 공동체의식을 높이기 위한 방안으로 참여적 프로세스, 적정규모의 몰입을 분석하였다. 또한 변화프로세스에서 사용된 컨퍼런스, 소규모집단 방법을 설명하였다. 그중에서 특히 본 연구와 관련이 있는 것이 여유시간(soaking time) 개념이다. Bunker와 Alban(1996)은 급진적인 새로운 아이디어가 소개되면 사람들은 생각할 시간이 필요하다. 이러한 상황에서 프로세스의 일부로서 적어도 2일간의 밤샘토론이 필요하다. 자신의 아이디어를 새로운 아이디어의 상황에 맞게 조정하는 것이 짧은 시간에 가능하지 않으며 시간이 필요하므로 이러한 내용이 변화프로세스 설계에 반영되어야 한다는 것이다.

Jacobs(1994)는 변화관리 워크숍에서 진행되는 세 가지 프로세스의 순서를 다음과 같이 설명하고 있다.

1. 해당 이슈에 대한 공통의 데이터베이스를 구축
2. 다양한 관점을 통해 미래를 발견
3. 몰입과 실행계획을 창출

따라서 참여자들이 신속하게 결말짓기를 원하더라도 프로세스를 종결하기 전에 상당한 시간의 대화가 필요하다.

마찬가지로 Norlton(1998)은 뉴질랜드에서 운영된 변화관리 워크숍에 대해 보고하였다. 워크숍 평가에서 초기부터 참여자들은 결말, 향후 계획, 응용가능성, 변화성취에 주안점을 둔 반면 동시에 프로세스의 가치, 아이디어 공유, 자신들의 참여, 프로세스의 가치를 중시하였다.

이러한 내용은 모두 급격한 변화를 다루는 변화관리 워크숍은 적어도 3일정도가 필요하며 적어도 2일간의 대화를 지속적으로 할 수 있어야 하며 워크숍 후 실제현장 적용에 초점을 둘 필요가 있다.

아이러니컬하게도 이러한 프로세스는 대화를 계속하는 데 초점을 두어야 하는 반면, 워크숍의 설계는 향후 무엇이 어떻게 발생할지에 대해 초점을 둘 필요가 있다.

복잡한 변화를 다루는 학습 전략

Neumann과 Holti, Standing(1995)은 포괄적인 변화를 계획하고 변화의 순서를 결정하기 위한 Tavistock 경영연구소의 방법론을 설명하였다. 그들은 팀워크를 높이기 위한 프로젝트에만 적용하였지만 제조업상황에서 작업장에서의 점진적인 변화에 대처하기 위한 수단이 될 수 있기 때문에 이러한 논의와 관련되어질 수 있다고 하겠다. 그들이 사용한 방법론은 특히 환경, 조직의 '지도적 가치' (guiding values)의 불확실성이 높거나, 다른 경영분야에 미치는 영향이나 연결성이 불확실한 상황에 적합하다.

그들이 사용한 방법론은 대그룹과 집단간 팀 구축전략을 활용한 5단계로 구성된다.

1. 이슈를 상세히 계획하고 중요성과 긴급성을 파악하여 광범위한 추진 영역을 파악한다.
2. 세부적인 계획과 일정과 연결되고 양립하는 추진영역을 파악한다.
3. 초기 활동, 필요한 의사결정, 향후 업무 배치와 선택을 방해할 수 있는 불확실성을 명확하게 규정한다.
4. 진행되고 있는 활동과 조직전반의 다른 활동간 조화를 맞춘다.
5. 네 번째 단계 후 교차부문 작업그룹을 만들어 대규모 집단검토에서 동의를 구한다.

그들이 사용한 방법론의 주요 내용은 크게 두 가지이다. 첫째, 연계성(connectivity)과 연결성(connections)관한 내용이다(4장의 변화 아키텍처에 관한 논의 참조). 둘째, 프로세스는 대화와 개방성, 활동순서에 관한 것이다.

저자들이 제안하고 있는 유형에서 대화와 개방성은 지도 및 학습과 관련이 있다. 어느 누구도 모든 대답을 알고 있는 것은 아니라고 가정하고 이러한 딜레마를 명확히 하고자 한다. 유일한 발전방안이나 궁극적이고 완전한 해결책은 없다. 그들이 주장하듯 지속적이고 장기적인 프로세스는 목적 달성을 위해 문화적인 저항을 극복할 수 있는 학습조직으로 이끌게 된다.

위에서 제시한 것과 같이 변화는 리더에게 매우 구체적인 것을 요구한다.

Higgs와 Rowland(2000)는 변화역량을 통해 변화에 대한 리더십 능력을 구축하는 방안을 논의하였다. 그들은 초기의 연구에서 발주자 조직(client organization)이 변화프로세스를 주도하는데 있어서 타인의 참여와 리더의 역할에 대해 다국적기업을 대상으로 연구를 수행하였다. 연구결과 여덟 가지 변화관리역량을 발견하였다.

1. 변화 주도
2. 변화 영향
3. 변화 촉진
4. 변화 리더십

5. 변화 학습
6. 변화 실행
7. 변화 현존성
8. 변화 기술

그들은 이러한 모델이 가지는 변화관리 워크숍에서의 용도와 기업들의 긍정적인 반응을 보고하고 있다. 이후 후속연구(Higgs and Rowland, 2001)에서 변화프로그램이 경영에 긍정적인 효과를 주었으며 동료와 관리자 평가를 통해서도 변화관리역량에 긍정적인 효과가 있었다고 보고하고 있다. 그러나 단지 11명의 관리자만을 연구에 포함시켜 표본규모가 작고 변화관리역량제고와 변화가 경영에 미치는 영향간의 직접적인 관련성을 규명하지는 않았다. 따라서 그들의 연구는 잠정적인 관련성만을 보여주고 있지만, 조사방법론적 용어를 사용하여 이러한 문제를 분석한 최초의 연구라는 점에 의미를 갖는다.

Case Study

사례연구: Lufthansa

루프탄자(Lufthansa)는 1999년에 불과 8년 만에 파산직전의 항공사에서 글로벌 네트워크인 Star Alliance의 창립회원으로 변화하였다. 재정 파탄을 면하기 위한 초기의 구조조정이후, 집행이사회와 감독이사회는 사고방식의 변화를 유도하기 위한 전략적 개편과정을 결정하였다.

1992년 초에 루프탄자는 금융시스템으로부터 지원을 받을 수 있는 전망이 별로 없던 상황에서 단지 14일간 버틸 수 있는 유동현금(operating cash)를 가지고 있었다. 이에 따라 'Samurai of Change'로 알려진 루프탄자 최고경영진을 위한 4주간의 변화관리 프로그램에 착수했다. 1992년 중반에 20명의 최고경영자가 초기에 '사고변화 회의'에서 '위기관리 회의'로 변경된 회의에 참석했다. 이 회의에서 '프로그램 93'을 만들어 8,000명을 해고하고, 신속한 다운사이징, 매출신장노력이 이루어졌다. 이사회는 'Samurai of Change'가 주도하는 이러한 프로젝트를 실행하도록 태스크 포스팀을 임명하였다. 의사소통을 활성화하기 위해서는 GE의 'town meeting'을 도입하였다. 1999년 중반까지 CEO는 그러한 모임에 200회 이상 참석했다. 131 프로젝트의 진행은 매출증대 혹은 비용감소를 명확하게 측정하도록 기업재무감사를 통해 통제하였다. 1995년 이러한 작업의 결과는 그룹전체에서 기능적인 구조에서 분권화된 사업단위 형태를 변화시킴으로서 연방구조(federal structure)로 전환되는 중대한 구조조정을 겪었다. 이후 1996년에 향후 5년 동안 20% 비용절감을 목표로 하는 전략적 비용관리에 초점을 둔 프로그램 15가 실행되었다. 프로그램 15는 중대한 변화를 이루기 위한 수단으로 투명성과 측정가능성을 강조하였다. 라인관리자는 비용절감을 위한

Case Study

프로그램 15를 실행할 책임을 맡게 되고 이러한 결과는 그들의 성과평가에 반영되었다. 이러한 변화노력의 기본원칙은 다음과 같다.

- 커뮤니케이션 비용을 줄이고 의사결정을 단순화한다.
- 기업전체를 포괄하는 태스크 포스팀 활동을 지원한다.
- 서비스중심의 워크숍을 개최해 루프탄자 서비스 추진사업을 지원한다.

보다 중요한 것은 다양한 변화관리프로젝트를 실행할 수 있는 아키텍처이다. 변화의 진전을 위해 성과관리가 사용되었다. 피드백시스템 – 예를 들면 고객조사, 종업원 조직몰입 조사, 360도 피드백툴, 고객과 종업원 조사, 동향조사 – 이 그룹 전반으로부터 피드백을 받기 위해 사용되었다.

루프탄자 경영스쿨에서 운영된 'Explore 21'과 'Climb 99' 프로그램은 문화변화과정의 일부이다. 210명의 관리자와 160명의 젊은 전문가들이 참여하는 이러한 프로그램은 학습과 개발에 대한 투자와 조직문화 변화간의 관계를 보여준다. 중요한 것은 통합(integration) 혹은 균형이다.

그러한 활동이 상당한 규모의 변화를 이룰 수 있게 하는 전환플랫폼이 될 수 있다. 이 프로그램은 리더십을 발휘하는 맞춤형 도구를 활용한 자기진단에서 출발하여 미래의 비즈니스에 도움이 되는 학습 수단이 된다. 2000년까지 많은 루프탄자 종업원들은 다양한 전략적 변화 활동에 참여하였다(Bruch and Sattelberger, 2001).

정리해보면 루프탄자의 사례연구는 잘 조직화된 변화관리아키텍처를 활용하여 비즈니스모델에 대한 재고를 통한 급진적인 접근법이 어떻게 조직문화의 변화를 가져오는지를 보여준다. 보다 중요한 것은 변화관리는 행위적인 측면 이외의 것들도 다룰 필요가 있다

Case Study

는 것이다. 변화 상황에서 리더의 행위도 중요하지만 인지적 측면(cognitive aspects)과 균형을 이루어야 한다.

즉 변화는 적절한가? 변화는 잘 이해되었는가? 믿을만한가? 사고방식이 변화되지 않으면 행위의 변화도 기대하기 어렵다. 따라서 학습과 서비스개발 사업을 '프로그램 15' 태스크 포스 업무와 연결시키기 위해서는 변화관리 아키텍처 내부의 변화가 필요하다. 루프탄자의 새로운 비즈니스모델 학습은 'Explore 21'로 불리는 실무 작업을 통해 효과적으로 이루어질 수 있다. 따라서 'Explore 21'과 같은 개발프로그램은 '활동지원프로그램 15'의 일부로 포함시켜 현재 진행중인 변화와 통합될 것이다.

7 Chapter 효과적인 변화 사업 구축

실행 연습
변화 실행방법
Money Matters plc - 변화 수행
변화관리기법
Money Matters plc - 변화관리기법
변화위험 평가
최종 논평

마지막 장에서는 세 가지 변화관리 도구에 초점을 둔다.

1. 실행 연습 – 실행 관련 세부사항까지 고려할 수 있도록 설계한다.
2. 변화관리 기술 – 자신의 개인적인 변화관리/리더십개발 요구에 초점을 둔다.
3. 변화 위험 – 성공적 지속적 변화의 실행가능성을 검토한다.

실행 연습

실행연습은 2개의 체크리스트로 이루어진다. 체크리스트는 조직의 어떤 측면이 변화의 수행을 방해하는지 혹은 도움을 주는지를 생각해볼 수 있게 한다. 현재 참가하고 있거나 과거에 경험했던 중대한 조직변화에 초점을 두고 다음 두개의 체크리스트를 작성하면 된다. 체크리스트로 넘어가기 전에 변화에 대한 세부사항을 정리해보자.

목적:

변화 범위와 유형(예를 들면 구조조정, 신제품, 신기술):

변화의 영향을 받는 사람과 방식:

실행일정표:

Toolkit

체크리스트 1: 변화의 준비

해당항목에 표시하시오.				
1. 과거 도입했던 새로운 정책이나 시스템	종업원 요구를 충족시킴 ☐	잘 이해되지 않았음 ☐	약간의 저항이 있었으나 받아들여졌음 ☐	상당한 저항을 받았음 ☐
2. 종업원들	혁신적임 ☐	독립적임 ☐	무관심함 ☐	보수적 혹은 변화에 저항 ☐
3. 가장 최근의 조직변화	성공적임 ☐	다소 성공적임 ☐	전혀 영향을 주지 못함 ☐	실패했음 ☐
4. 변화의 기대효과	조직전반에 영향 ☐	단지 최고경영층 ☐	전반적인 영향 없음 ☐	불명확함 ☐
5. 변화의 직접적인 영향을 받는 사람들은 조직의 운영이나 전략적 계획에 대해 당신에게 무엇을 말해줄 수 있나	전체적인 설명 ☐	변화가 영향을 미칠 부서나 활동에 대한 설명 ☐	일반적인 설명 ☐	설명할 수 없음 ☐
6. 변화의 결과	세부적으로 구체화되었음 ☐	일반적 개념으로 윤곽만 제시되었음 ☐	명확하게 구체화되지 않았음 ☐	구체화되지 않았음 ☐
7. 변화의 영향을 받을 수 있는 현재의 업무절차는	큰 변화를 필요로 함 ☐	상당한 변화를 필요로 함 ☐	약간의 변화가 필요함 ☐	변화가 전혀 필요 없음 ☐

8. 변화관리 과정에서 나타나는 문제를 먼저 제기한 사람	직접 관련 있는 사람 ▒	일선감독자 ▒	중견경영자 ▒	외부 컨설턴트 ▒
9. 최종사용자는 변화를 어떻게 보는가	조직의 미래에 매우 중요 ▒	일반적으로 조직에 도움 ▒	조직에 부분적으로 도움 ▒	단지 절차상의 차이에 불과 ▒
10. 최고경영층은 변화에 대해 어느 정도 지원	열정적임 ▒	제한적으로 지원 ▒	최소한의 지원 ▒	불명확함 ▒
11. 최고경영자는	변화에 상당한 자원을 투입 ▒	기존자원으로 변화실행을 기대 ▒	자원 철회 ▒	계획이 없음 ▒
12. 경영자 성과평가와 심사과정은	경영개선에 중요 ▒	문제해결과정에 도움 ▒	관행임 ▒	개선에 방해 ▒
13. 변화가 경영계획과 관련된 문제를 다루는가	직접적으로 다룸 ▒	부분적으로 다룸 ▒	간접적으로 다룸 ▒	전혀 다루지 않음 ▒
14. 제안된 변화	직무나 재무적 보상 증가 ▒	직무를 보다 만족스럽게 만듦 ▒	기존 직무와 기술을 새로운 것으로 대체함 ▒	직무를 보다 어렵게 함 ▒
15. 제안된 변화는 기술적으로	이미 진행중인 것과 비슷 ▒	최근에 수행된 것과 비슷 ▒	새로운 것 ▒	기술적으로 불명확함 ▒

체크리스트 2: 변화관리

해당항목에 표시하시오.				
1. 실행계획은	명확한 목표를 제시 ☐	수용 가능한 목표 제시 ☐	광범위한 목표 제시 ☐	목표가 없음 ☐
2. 프로젝트의 마감일이 지켜질 가능성은	매우 높음 ☐	보통 ☐	낮음 ☐	전혀 없음 ☐
3. 일상적인 실행은 누가 통제	특정 지정인 한 사람 ☐	여러 사람 ☐	구체적으로 지정된 사람이 없음 ☐	불명확 ☐
4. 어디서 실행을 시작	일부 업무영역이나 부서 ☐	다양한 사업단위 ☐	주요 부서 ☐	조직 전체 ☐
5. 변화관리 계획은	거의 하룻밤 사이 갑작스럽게 계획 ☐	급하게 계획됨 ☐	점진적으로 계획됨 ☐	매우 천천히 계획됨 ☐
6. 초기에 개입된 사람들이 선정된 이유	유통성 있고 지지를 보이므로 ☐	조직에 대한 몰입이 높아서 ☐	변화를 필요로 하므로 ☐	이유 없음 ☐
7. 훈련은	외부기관을 이용한 훈련 ☐	특별히 설계된 내부 훈련과 더불어 외부훈련 ☐	사용자 매뉴얼 ☐	전혀 없음 ☐
8. 훈련은 어떻게 설계되었나	새로운 시스템을 통한 문제해결 ☐	사용자의 경험을 활용 ☐	폭넓은 훈련대상 ☐	사용자는 고려되지 않음 ☐
9. 훈련 참여	주요 대상자나 영향을 받는 사람 ☐	모든 관련당사자 ☐	최종사용자는 참여시키지 않음 ☐	훈련제공 없음 ☐

10. 변화실행은	과업을 완전 통제 □	과업 통제에 도움 □	과업은 시스템 혹은 기술에 의해 통제된다는 의미 □	과업을 수행하는 사람을 통제 □
11. 관리자는 사용자와 무엇을 논의	변화계획 개발 □	실행관련 피드백과 아이디어를 얻기 위해 □	정보를 계속 주기 위해 □	진행과정을 통제하기 위해 □
12. 실행	기존의 인센티브와 보상 □	성공했다는 인식 제공 □	구체적인 인센티브 없음 □	시스템 사용자에게 문제가 됨 □
13. 혜택	즉시발생 □	빠르게 발생 □	실행 1년 이내 □	1년 이상 걸림 □
14. 직접적인 혜택	사용자에게 이익 □	관리자에게만 이익 □	최고경영자에게 이익 □	간접적인 이익만 존재 □
15. 효과	정량적으로 측정 가능함 □	등급으로만 측정 가능 □	주로 일회적임 □	불분명함 □
16. 변화 진행 동안 사람들은	엄청난 노력, 기술, 추가 작업 수행 □	상당한 노력, 기술, 추가 작업 수행 □	어느 정도의 노력, 기술, 추가적작업 수행 □	추가적인 노력을 투입하지 않음 □
17. 관리자는	탁월한 지원 □	좋은 지원 □	제한된 지원 □	지원이 전혀 없었음 □
18. 변화가 진행되는 동안의 경험	높은 수준의 스트레스 경험	상당한 수준의 스트레스 경험	약간의 스트레스 경험	전혀 스트레스를 받지 않음

이상의 두 가지 체크리스트는 실행상의 문제를 다루고 있다. 아래 정리된 내용은 이러한 실행상의 문제점들을 보완해줄 수 있는 기법과 원칙들을 정리한 것이다. 테이블에 제시된 리스트는 두 가지 체크리스트의 세 가지 포인터에 대한 측정 가능한 질문들이 있다. 세 번째나 네 번째 항목을 주로 선택했다면 자신이 속한 조직과 관련된 기법을 검토해볼 만한 가치가 있을 것이다.

변화 실행방법

체크리스트 1: 변화의 준비

변화에 대한 저항을 다루는 방법(1~3번)

- 변화 실패 경험이 있는가?
- 위험회피 문화를 가지고 있는가?
- 커뮤니케이션에 문제가 있는가?

계획을 명확하게 설명하고 필요한 정보를 모든 사람에게 제공할 수 있게 해야 하며 질문이나 이해가 필요할 경우 경영자에게 쉽게 접근할 수 있도록 해야 한다. 실질적인 사례를 제공하여 실제로 수용가능하게 해야 하고 종업원이 쉽게 받아들일 수 있는 쉬운 용어로 설명해야 한다. 또한 변화가 경영요구와 계획에 적합한 것인지 알려주고 프리젠테이션에 시간과 노력을 투입해야 한다.

조직전반을 진단하고 신중하게 준비해야하며 신뢰, 상호이해와 지원에 힘써야 한다. 체크리스트를 작성하게 하고 이를 토대로 토론하게 한다.

명확한 단계별로 변화를 수행하고 비교적 수용적인 자세를 보이는 종업원에게 시험적으로 성공적인 실적을 구축케함으로써, 작은 출발에서 시작하여 성공에 이르게 한다. 신속한 보상을 줄 수 있는 변화로 시작해서 성공계획을 수립한다. 성공에 관련된 사람에 대한 긍정적인 피드백을 제공하고 초기성공을 공개해야 한다.

변화의 효과를 명확하게 하라(4~6번)

- 사람들은 변화를 통해 무엇을 기대하는가?
- 변화의 목적은 무엇인가?

기업과 변화의 관련당사자들이 얻게 되는 혜택을 강조하여 변화의 이익을 분명히 해야 한다. 새로운 시스템이 기존의 지식과 기술에 도움이 된다는 점을 강조해야 한다. 변화에 따라 발생할 수 있는 모든 가정들을 구체화하여 놀라움을 최소화한다. 그리고 성과에 초점을 두고 잠재된 문제들을 파악한다.

종업원에게 익숙한 용어를 사용해 계획을 구체화시켜 의사소통한다. 다양한 미디어를 통해 정기적으로 의사소통하고 피드백을 요구해야 한다. 부정적인 견해를 억누르지 말고 신중하게 경청하고 그러한 문제를 공개적으로 다루어야 한다.

변화의 효과를 명확하게 하라(7~9번)

변화에 대한 주인의식을 가지게 해야 한다.

- 절차, 시스템, 부서, 제품, 서비스가 문제인가?
- 누가(최고경영자 참모부서) 변화를 계획했는가?

변화의 가시적인 성과를 계획하고 변화에 대한 종업원들의 관심이 무엇인지 분석하고 일상적인 관행에 미치는 영향을 검토하여 종업원의 견해를 명확히 파악한다.

누가 왜 변화를 원하는지 알아내고 장기적 관점에서 장점을 설명하고 변화의 잠재력을 제시하고 공통의 이익을 파악한다.

확실하게 최고경영자의 지원을 받도록 하라(10~12번)

- 최고경영자는 변화를 공개적으로 지지하는가?
- 최고경영자는 필요한 자원을 제공하는가?
- 경영성과 평가절차가 변화에 장애가 되는가?

변화와 관련된 문제에 정통함으로서 역량기반을 구축해야 한다. 최고경영자의 관심사항을 이해하고 정보개발과 공식적 지원을 얻어내야 하고 최고경영층에 적합한 언어를 사용하여 훌륭한 발표를 준비해야 한다.

명확한 일정표를 만들어 분명한 목표와 계획을 수립하고 최고경영자와 중간경영자를 참여시키고 구체적인 성과와 문제에 대한 포커스그룹 미팅을 통해 후원적인 검토절차를 마련해야 한다.

변화수용성을 향상시켜라(13~15번)

- 계획하고 있는 변화가 다른 경영계획에 적합한가?
- 명확한 방향성을 가지고 있는가?
- 제안하고 있는 변화가 사람들에게 더 많은 요구를 하고 있는가?
- 변화가 새로운 기술이나 전문지식과 관련이 있는가?

변화가 계획과 적절하게 연결되는지 확인해야 한다. 변화를 조직유형에 적합한 변화의 틀을 만들고 변화를 통해 지속적인 발전할 수 있게 서로 연계시켜야 한다.

변화에 대해 강한 지지를 보내고 변화에 대해 익숙한 유연적이며 수용적인 사람들을 활용하여 변화를 실행해야 한다. 왜 변화를 지지하는지(경력, 보상, 기업정책 등) 파악한다. 변화를 지나치게 강요해서는 안 되며 현지의 관행과 상충되는 면을 파악하고 이를 논의할 수 있도록 해야 한다.

변화를 수행할 효과적인 팀을 구축하라(16~18번)

- 팀구성원은 변화에 대해 강한 의지를 가지고 있는가?
- 관리자가 변화에 몰입할 정도로 열심히 일할 필요성을 느끼고 있는가?

목표가 명확하고 팀이 동의한 목표를 가지도록 해야 하며 팀의 구성원들이 가지고 있는 기술과 전문성과 연계시켜 모든 구성원이 참여하게 해야 한다. 갈등에 직면할 경우 이러한 문제를 다룰 준비를 해야 하며 건설적인 피드백을 장려해야 한다.

체크리스트 2: 변화의 관리

구체적인 변화 계획을 수립하라(1~3번)

- 명확한 계획, 마감일, 이정표가 있는가?
- 책임소재가 명확한가?
- 일정표가 현실적인가?

특정인에게 전반적인 책임을 부여하고 모든 계층의 책임소재를 명확히 하라.

관련 당사자와 전문가 여타 기업들의 의견을 들어 실현가능성을 검토하고 이를 기초로 신중하게 목표를 정해야 한다. 또한 폭넓은 범위의 목표와 결과를 검토하여 측정 가능한 목표를 설정해야 한다. 명확한 세부적인 단계로 나누고 중요한 이정표를 설정하여 이를 공개하고 마감일을 설정함으로 구체적인 목표를 세워야 한다. 계획을 공개함으로서 행동으로 전환될 수 있게 하고 정기적으로 피드백을 제공하고 성과에 대해서는 보상해야 한다.

새로운 시스템과 관행을 구축하라(4~6번)

- 변화의 범위와 규모는?
- 사람들은 변화에 대해 지지를 보내며 정보가 제공되었고 변

화에 대한 준비가 되었는가?

경험을 통해 학습할 수 있도록 시험적으로 실행함으로써 변화의 속도를 조절해야 한다. 명확한 단계별 이정표를 설정하고 보다 많은 시간이 주어져야 한다. 새로운 절차, 제품, 서비스가 잘 이해되었는지 확인하고 기업으로부터 지원을 받을 수 있도록 해야 한다.

훈련과 지원을 제공하라(7~9번)

- 특성화되고 적절하게 설계된 훈련을 시키고 있는가?
- 훈련이 유연성 있고 사람들의 요구에 부합하는가?
- 현장에서 지지하고 있는 훈련인가?
- 훈련 받아야 할 사람을 정확하게 선정했는가?

훈련의 목표를 명확히 하고 기존의 기술이나 지식을 활용할 수 있도록 해야 하며 훈련의 일부로 제안을 할 수 있도록 해야 한다. 훈련자들이 자신들의 속도에 맞게 학습할 수 있게 해야 하며 실제로 경험할 수 있는 기회를 주고 훈련이 직무와 관련되고 라인관리자가 자발적으로 훈련을 관리할 수 있게 해야 한다. 다양한 학습 방법을 사용하고 경험을 존중하고 활용하며 그들의 솔루션을 활용하여 스스로 문제를 해결할 수 있도록 해야 한다. 또한 피드백을 훈련프로그램에 반영시킬 필요가 있다.

변화에 대한 몰입을 높여라(10~12번)

- 변화는 사람, 성과, 비용 등에 대한 새로운 통제를 필요로 하는가?
- 변화는 책임의 소재를 흩트리는가?
- 인센티브가 마련되어야 하는가?

변화는 직무에 대한 개인의 통제를 강화시키거나 책임감을 고취시킬 수 있는 장점을 살리게 하고 직무와 직위를 향상시키거나 가시적인 혜택을 높여 지속적으로 변화할 수 있도록 인센티브를 제공해야 한다. 의견을 제안하도록 하여 참여를 유도하고 이정표를 설정하며 피드백을 요구하고 이를 효과적인 방법으로 공개해야 한다.

관련 당사자들에게 피드백을 제공하라(13~15번)

- 가시적인 혜택이 있는가?
- 비용, 성과, 수익과 자원 활용에 미치는 효과가 잘 정리되었는가?

결과를 잘 정리하여 필요시 신속하게 이용할 수 있게 해야 하고 특히 획기적인 성과를 알려 주어야 한다. 관련 당사자들의 성공에 대한 인식이 조직전반에 확산되게 하고 변화가 어떻게 조직 목표를 달성하는 데 도움이 되었는지 구체화시켜야 한다.

변화에서 파생되는 스트레스를 관리하라(16~18 번)

- 스트레스를 많이 받고 있는가?
- 스트레스로 인해 성과가 낮아지고 있는가?
- 인사문제(people problem)가 빈번히 발생하는가?

변화가 미치는 영향을 통제할 수 있는 계획을 수립해야 한다. 특히 변화가 생소할수록 보다 많은 시간과 자원이 투입되어야 한다. 변화에 호의적이거나 동의하는 경우에는 보다 신속하게 실행으로 옮겨야 한다.

Money Matters plc- 변화 수행

변화를 수행할 경우 특히 관심을 가져야할 부분이 변화에 대한 저항이다. Money Matters사는 변화를 수행하기 위한 두 번의 경영자 워크숍을 준비했다. 체크리스트 항목에 대해 포인터 1에서 3까지 32명의 참석자가 응답한 결과가 표 7-1에 제시되어 있다.

결과 평가를 분석해보면 위험회피성향이 있음을 알 수 있다. Money Matters에 적용된 세 가지 항목은 세 번째나 네 번째 옵션에 해당된다. 변화에 대한 저항과 위험회피성을 다루는 기법은 변화실행방법(Methods for Implementing Change)에 제시되어 있다. 따라서 Money Matter사의 변화를 실행하기 위해서는 다음의 계획을 수립해야 한다.

〈표 7-1〉 체크리스트 1의 1, 3항목에 대한 응답

1. 과거 도입했던 새로운 정책이나 시스템	종업원 요구를 충족시킴 5%	잘 이해되지 않았음 18%	약간의 저항이 있었으나 받아들여졌음 56%	상당한 저항을 받았음 21%
2. 종업원들	혁신적임 0%	독립적임 32%	무관심함 45%	보수적 혹은 변화에 저항 23%
3. 가장 최근의 조직변화	성공적임 0%	다소 성공적임 15%	전혀 영향을 주지 못함 56%	실패했음 29%

- 정보가 명확하고 종업원들이 쉽게 접할 수 있어야 한다.
- 혜택의 실현가능성을 명확히 설명하여 변화의 수용성을 높여라.
- 신중하게 문제를 진단하기 위한 시간을 투입하라.
- 예비적인 변화를 먼저 수행하여 변화를 시작하라.
- 예비적인 변화수행을 통해 초기 성공을 확보하라.

변화관리기법

개인의 변화관리기법에 대해 이해하는 것이 개인능력개발의 기초가 된다. 본서의 실습은 변화관리기법에 관한 질문서로 구성되어 있다. 이러한 기법은 다양한 환경이나 상황에 있는 직무를

연구한 결과에서 도출된 것이다.

Complete Part A는 5점 척도를 이용하여 해당되는 번호에 동그라미를 표시하는 방식으로 현재와 향후 미래(예를 들면 5년 후)에 각 기법의 중요성을 표시하게 하는 설문이다. 따라서 응답자는 두개의 평가를 가진다.

			현재		미래
1/1 체계적으로 문제와 원인을 파악한다.	1	2	(3)	4	(5)

첫 번째 설문지는 자신이 작성하고 두 번째 설문지는 자신의 관리자가 완성한다.

Complete Part B는 각 항목에 대해 자신의 성과를 평가하면 된다. Part A와 B 작성에 다소의 시차를 둘 필요가 있다.

변화관리 기법: Part A

Toolkit

1. 중요하지 않음	2 약간 중요함	3 중요하나 본질적인 것은 아님	4 중요함	5 매우 중요함

1. 변화준비						
1.1	문제와 원인을 체계적으로 파악한다.	1	2	3	4	5
1.2	압력을 받고있는 상황에서 차분하게 대처한다.	1	2	3	4	5
1.3	적절한 시기에 다른 사람을 참여시킨다.	1	2	3	4	5
1.4	공개적인 의사결정을 한다.	1	2	3	4	5
1.5	목적을 정하고 동의를 얻는다.	1	2	3	4	5
1.6	투입요소와 타인이 공헌할 수 있는 부분을 설계한다.	1	2	3	4	5
1.7	준비중인 변화에 대해 동의하는지 검토한다.	1	2	3	4	5
1.8	목표를 신중하게 검토한다.	1	2	3	4	5
1.9	의사결정과 관련된 모든 정보를 수집한다.	1	2	3	4	5
1.10	아이디어와 프로포절의 전달이 효과적인지 검토한다.	1	2	3	4	5
2. 변화계획						
2.1	기회와 솔루션을 파악한다.	1	2	3	4	5
2.2	기회와 솔루션을 평가한다.	1	2	3	4	5
2.3	정보와 의견을 의사소통 한다.	1	2	3	4	5
2.4	상상할 수 있는 모든 솔루션을 만든다.	1	2	3	4	5
2.5	실행의 문제, 필요한 자원, 적절한 우선순위를 파악한다.	1	2	3	4	5
3. 변화의 실행						
3.1	목표달성에 필요한 것이 무엇인지 파악한다.	1	2	3	4	5
3.2	마감일과 우선순위를 지킨다.	1	2	3	4	5
3.3	사람들에게 미치는 변화의 영향을 파악한다.	1	2	3	4	5
3.4	압력과 스트레스가 자신에게 미치는 영향을 파악하고 대처한다.	1	2	3	4	5

Toolkit

3.5	압력과 스트레스가 타인에게 미치는 영향을 파악하고 대처한다.	1	2	3	4	5
3.6	과업을 현명하게 분배한다.	1	2	3	4	5
3.7	계획을 조정하고 효과적으로 실행한다.	1	2	3	4	5
4. 변화의 지속						
4.1	시간을 가지고 진행상황과 문제를 검토한다.	1	2	3	4	5
4.2	공개적으로 문제와 이슈를 토론한다.	1	2	3	4	5
4.3	긍정적인 피드백을 적절하게 제공한다.	1	2	3	4	5
4.4	개선된 부분을 파악한다.	1	2	3	4	5
4.5	성공의 기초를 다지고 지속적으로 동기부여 시킨다.	1	2	3	4	5
4.6	팀 정신을 높인다.	1	2	3	4	5
4.7	보다 많은 자원을 사용한다.	1	2	3	4	5
4.8	충분한 시간을 주어 변화에 대응하게 한다.	1	2	3	4	5

변화관리 기법: Part B

Toolkit

1. 매우 미흡함	2 미흡함	3 보통임	4 훌륭함	5 매우 훌륭함

1. 변화준비						
1.1	문제와 원인을 체계적으로 파악한다.	1	2	3	4	5
1.2	압력을 받고 있는 상황에서 차분하게 대처한다.	1	2	3	4	5
1.3	적절한 시기에 다른 사람을 참여시킨다.	1	2	3	4	5
1.4	공개적인 의사결정을 한다.	1	2	3	4	5
1.5	목적을 정하고 동의를 얻는다.	1	2	3	4	5
1.6	투입요소와 타인이 공헌할 수 있는 부분을 설계한다.	1	2	3	4	5
1.7	준비 중인 변화에 대해 동의하는지 검토한다.	1	2	3	4	5
1.8	목표를 신중하게 검토한다.	1	2	3	4	5

1.9	의사결정과 관련된 모든 정보를 수집한다.	1	2	3	4	5
1.10	아이디어와 프로포절의 전달이 효과적인지 검토한다.	1	2	3	4	5
2. 변화계획						
2.1	기회와 솔루션을 파악한다.	1	2	3	4	5
2.2	기회와 솔루션을 평가한다.	1	2	3	4	5
2.3	정보와 의견을 의사소통 한다.	1	2	3	4	5
2.4	상상할 수 있는 모든 솔루션을 만든다.	1	2	3	4	5
2.5	실행의 문제, 필요한 자원, 적절한 우선순위를 파악한다.	1	2	3	4	5
3. 변화의 실행						
3.1	목표달성에 필요한 것이 무엇인지 파악한다.	1	2	3	4	5
3.2	마감일과 우선순위를 지킨다.	1	2	3	4	5
3.3	사람들에게 미치는 변화의 영향을 파악한다.	1	2	3	4	5
3.4	압력과 스트레스가 자신에게 미치는 영향을 파악하고 대처한다.	1	2	3	4	5
3.5	압력과 스트레스가 타인에게 미치는 영향을 파악하고 대처한다.	1	2	3	4	5
3.6	과업을 현명하게 분배한다.	1	2	3	4	5
3.7	계획을 조정하고 효과적으로 실행한다.	1	2	3	4	5
4. 변화의 지속						
4.1	시간을 가지고 진행상황과 문제를 검토한다.	1	2	3	4	5
4.2	공개적으로 문제와 이슈를 토론한다.	1	2	3	4	5
4.3	긍정적인 피드백을 적절하게 제공한다.	1	2	3	4	5
4.4	개선된 부분을 파악한다.	1	2	3	4	5
4.5	성공의 기초를 다지고 지속적으로 동기부여 시킨다.	1	2	3	4	5
4.6	팀 정신을 높인다.	1	2	3	4	5
4.7	보다 많은 자원을 사용한다.	1	2	3	4	5
4.8	충분한 시간을 주어 변화에 대응하게 한다.	1	2	3	4	5

Toolkit

변화관리기법: 분석

	Part A 현재 중요성	Part B 미래 중요성	Part B 성과
1.1			
1.2			
1.3			
1.4			
1.5			
1.6			
1.7			
1.8			
1.9			
1.10			
2.1			
2.2			
2.3			
2.4			
2.5			
3.1			
3.2			
3.3			
3.4			
3.5			
3.6			
3.7			
4.1			
4.2			
4.3			
4.4			
4.5			
4.6			
4.7			
4.8			

당신과 당신의 관리자가 위의 설문서에 응답했다면 이제 강점, 기술개발 필요성, 그리고 변화관리기술개발요구를 파악해야 한다.

- 강점 – 당신과 당신 관리자의 당신의 성과에 대해 4 혹은 5로 평가한 항목이 해당된다.
- 기술개발요구 – 당신과 당신 관리자가 현재의 중요성을 3, 4, 5로 평가하였으나 성과는 부적절은 2 혹은 1로 평가된 항목이 이에 해당된다.
- 개발요구 – 관리자는 3혹은 5년 후에 4 혹은 5로 평가하였으나 당신과 당신 관리자가 평가한 당신의 성과가 미흡할 경우 2 혹은 1로 평가된 항목이 이에 해당된다.

Toolkit

강점
a
b
c
d
e

기술개발요구
a
b
c
d
e
f

Toolkit

활동 (기술개발요구에 대응할 수 있는 활동들 제시)
a
b
c
d
e

변화관리 개선 요구
a
b
c
d
e

활동 (변화관리 개선 요구에 대응할 수 있는 활동들 제시)
a
b
c
d
e

Money Matters plc – 변화관리기법

Money Matters의 경우 실습을 통해 분석한 결과 피드백-지속적인 변화 영역이 약점인 것으로 드러났다. 피드백프로세스의 경우 너무 공식적이고 구조화되어 있으며 일방적으로 진행되고 있었다. 실행계획 중에서 중요한 항목 중의 하나가 공개적이고 문제지향적인 접근법을 통해 성과 검토회의를 하는 것이다. 현재의 접근법은 지점관리자들이 성과문제에 대해 방어적인 경향이 있다. 이는 문제를 공개적으로 논의하기 어렵게 만들고 위험회피적인 문화를 강화시켰다. 관리자들을 검토회의에 '집단'문제에 관해 토의하도록 끌어들여 검토회의를 다소 다르게 다룸으로서 이러한 방법의 약점을 보완할 수 있다. 결국 성과검토회의를 진행하는 관리자는 높은 수준의 발표기술과 팀빌딩 기술, 피드백기술이 필요하며 이것이 기술개발요구이다.

기술개발요구를 만족시킬 수 있는 활동은 프리젠테이션기법 코스(presentation skills course)에 참여하거나 프리젠테이션에서 확인된 문제를 관리자들이 다루게 하는 문제해결 세션의 짧은 프리젠테이션을 구성하여 성과검토회의를 재구성하는 것도 방법이다. 프리젠테이션 기법 코스를 통해 발표기술수준을 개선할 수 있고 성과검토 짧은 프리젠테이션 재구성방법은 초점이 명확하고 청중의 반응을 이끌어낼 수 있다는 장점이 있다. 또한 문제해결 참여를 높일 수 있고 팀 구성과 피드백을 강화할 수 있다.

변화관리 개선요구는 판매인력(sales force)을 동기부여 시키는 것이다. 관리자는 판매 실무진이 아닌 지점 실무진들을 어떻게 동기부여 시키는지 알고 있었다. 이것이 관리자가 개발해야 할 주요 영역인 것이다.

변화위험 평가

아래의 도구는 변화위험을 체계적으로 살펴보고 있다. 그림 7-1에서 여섯 가지 요소를 살펴봄으로서 변화에 대한 몰입을 높이는 방법에 접근해야 한다. 각 요소가 높아질수록 몰입 또한 높아지며 이러한 관계는 (+)로 표시된다.

〈그림 7-1〉 차원 1: 변화에 대한 몰입

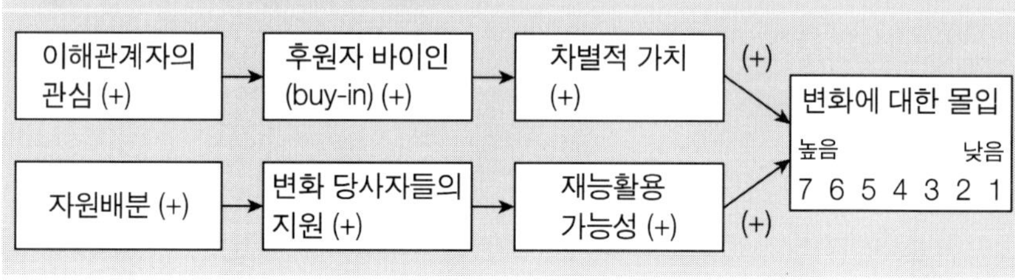

〈그림 7-2〉 차원 2: 변화의 비용

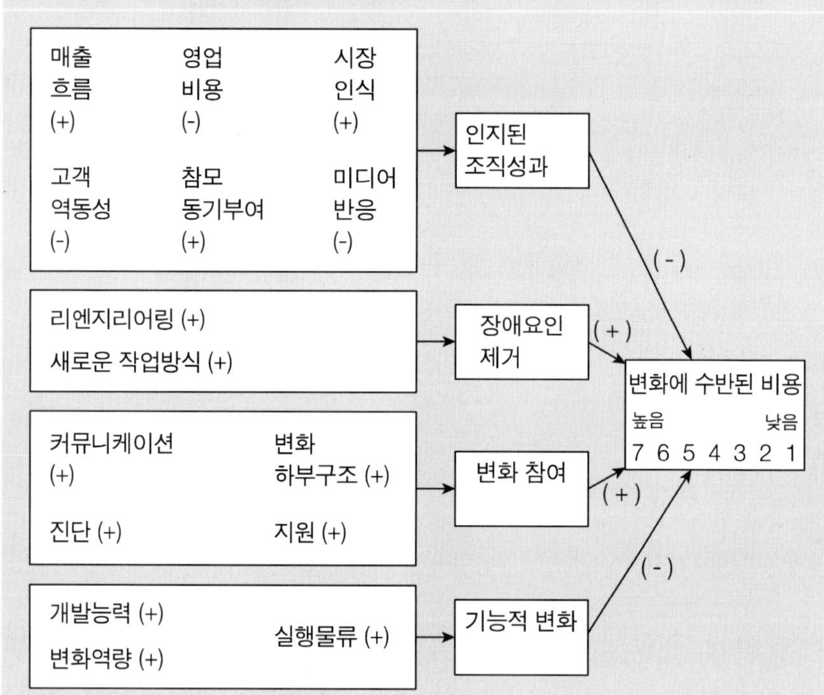

그림 7-2는 변화에 따르는 비용에 대한 전체적인 그림이다. 고객역동성이나 구매행동패턴과 같이 단순한 요인도 있고 복잡한 요인도 있음을 보여준다. 여기서 복잡이란 말은 예측하기 어렵다는 것을 의미한다. 이 경우 변수간의 관계는 정(+)의 관계나 부(-)의 관계를 가질 수 있다. 예를 들어 조직성과가 높다고 인식할수록 변화비용은 낮아지지만 변화참여나 변화장벽제거 노력이 더 요구되면 변화비용 또한 높아진다. 따라서 다양한 요소들의 균형을 맞추기 위해 적절한 판단이 필요한 것이다.

거래안정성(transition stability)은 변화프로세스의 가변성(bumpy)이 어떻게 나타나는가를 평가하는 것이다(그림 7-3). 변

〈그림 7-3〉 차원 3: 변이 안전성

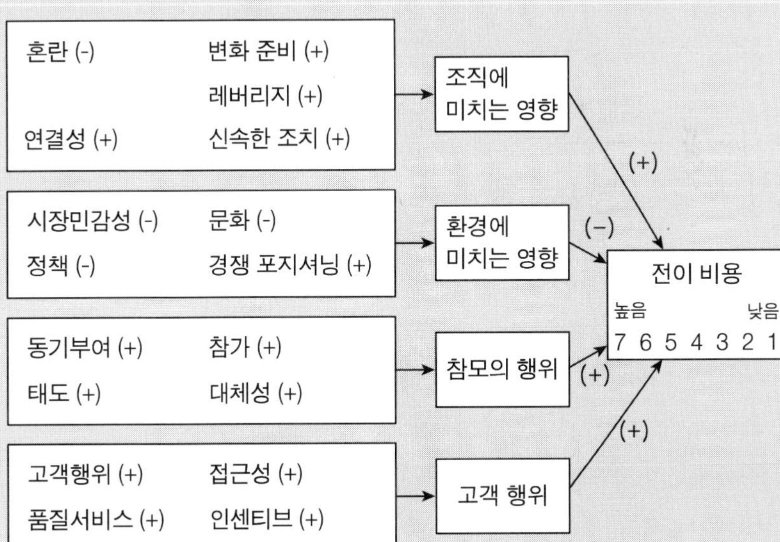

〈그림 7-4〉 차원 4: 지속적인 성과

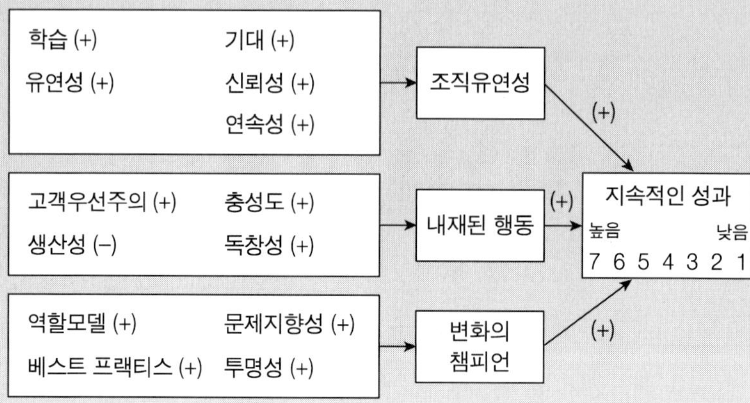

화를 실행할 때 내재된 문제는 무엇인가? 이는 외적이거나 내적일 수 있다. 실무적인 차원에서는 혜택이 고통과 혼란을 감내할 만한 가치가 있는가를 기준으로 판단할 수 있다.

지속적인 성과는 변화가 내제되어(embedded) 장기적인 효과를 가질 수 있는지에 달려있다. 변화가 실제로 장기적인 효과를 가지는지 살펴보자.

계산방법

네 가지 차원은 서로 상호작용한다. 어느 정도 단순화시키기 위해 그림 7-5에서 주요한 상호작용을 파악한 후 어떻게 점수를 계산하는지 보여주고 있다. 여기서 주요내용은 제안된 변화가 기대이익을 달성할 정도로 충분히 내제화될 수 있는가를 판단하는 것이다.

〈그림 7-5〉 변화위험 점수

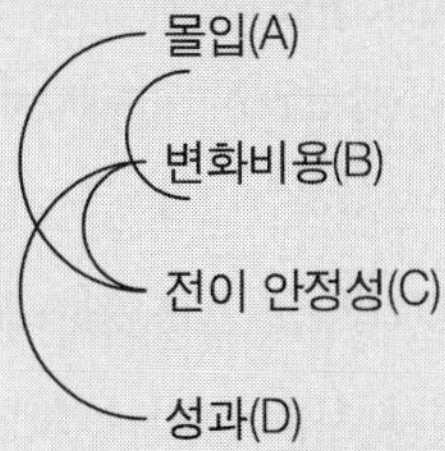

점수 계산방법

A × B ÷
A × C ÷
B × C ÷
B ÷ D ÷

성공가능성 ÷ 변화 하부구조 지수(4장 참고) = 실행가능성 혹은 지속성

낮음	보통	높음	낮음	보통	높음
1~65	66~130	131~196	1~33	34~66	67~100

최종 논평

점수에 너무 의미를 둘 필요는 없다. 이러한 실습의 목적은 변화위험, 성공과 지속성에 대해 한번 전반적으로 검토해보는데 있다. 중요한 것은 변화를 지속적으로 유지할 수 있는가이다. 많은 요인들은 실제로 적용되지 않을 수 있고 그럴 경우에는 그러한 요소는 무시할 수 있다. 이것은 변화에 대한 학습과정일 뿐, 어떻게 생각해야하는가에 대한 틀을 제공하는 것은 아니다. 따라서 이러한 방법은 신중하게 사용해야 한다. 본 장에서는 실행, 변화관리기법, 변화위험을 살펴보았다. 이것은 변화관리의 성공가능성을 높이기 위해 개선되어야 할 부분을 파악하는데 도움이

된다. 변화프로그램의 균형화 효과를 극대화하기위해 전체를 통합하는 것이 중요하다는 점을 인식하고, 변화의 아키텍처 기법을 통해 부족한 부분을 어떻게 보완할 수 있을지 충분하게 생각할 수 있다.

본 실행지침서는 변화가 필요한 부분을 어떻게 파악하는지와 이러한 변화를 어떻게 진행시킬지를 이해하는데 도움을 준다. 저자는 조직이 어떻게 변화관리를 하고 변화관리에서 성공할 수 있는지에 대한 연구를 지속적으로 수행해오고 있다. 저자와 연락을 원한다면 이메일(colin.carnall@henleymc.ac.uk)을 이용할 수 있다.

| 참고문헌 |

Alexander, L.D. (1985) 'Successfully Implementing Strategic Decisions', *Long Range Planning*, 18 (3), 91-97.

Ansoff, I. and McDonnell, E. (1985) *Implanting Strategic Management*, New York : Prentice Hall.

Argyris, C. (1990) *Overcoming Organizational Defences*, Needham Heights : Jossy-Bass.

Becksrta, J. (2002) *The Psychological Management of Organisational Change*, Chichester : J. Wiley & Sons.

Bruch, H. and Sattelberger, T. (2001) '*The Turnaround at Lufthansa'*, *Journal of Change Management*, 1 (4), 344-365.

Bunker, B.B. and Alban, B.T. (1996) *Large Group Interventions : Engaging the Whole System for Rapid Change*, San Francisco : Jossy-Bass

Bunker, W.W. and Litwin, G.H. (1992) 'A Causal Model of Organizational Performance and Change', *Journal of Management*, 18 (3), 528.

Carnall, C.A. (2002) 'Change Architecture', in J.Boonstra(ed), *The Psychological Management of Organization Change*, London : John Wiley & Sons.

Carnall, C.A. (1982) *The Evaluation of Work Organization Change*, Farnborough : Gower.

Clark, J. (1995) *Managing Innovation and Change*, London : Stage.

Clark, K.B. and Fujimoto, T. (1991) *Product Development Performance*, Boston : Harvard Business School Press.

Cope, M. (1996) 'The use of stage events to mobilise change', paper presented at the Academy of Human Resource

Development, Henley Management College, Henley-on-Thames, 28 July 1996.

Deal, T.E. and Kennedy, A. (1982) *Corporate Cultures*, Reading, MA : Addison-Wesley.

Edmonson, A., Bohmer, R. and Pisaro, G. (2001) 'Speeding up team learning', *Harvard Business Review*, 79 (9) 125-134.

Ellinor, L. and Gerard, G. (1998) *Dialogue*, New York : John Wiley & Sons.

Emery, M. and Purser, R.E. (1996) *The Search Conference*, San Francisco : Jossy Bass.

Felix, E. (2000) 'Creating radical change : producer choice at the BBC'. *Journal of change Management*, 1 (1), 5-21.

Gukuyama, F. (1995) *Trust : The social Virtues and the Creation of Prosperity*, London : Hamish Hamilton.

Gilbert, C. and Strebel, P. (1989) 'From innovation to outpacing', *Business Quarterly*, (Summer), 19-22.

Goffee, R. and Jones, G. (1998) *The Character of the Corporation*, New York : Harper Business.

Gratton, L. (2000) *Living Strategy*, Harlow, Essex : Prentice Hall.

Grünig, R. and Kühn, R. (2001) *Process-based Strategic Planning*, Berlin : Springer.

Hampden-Turner, C. (1990) *Charting the Corporate Mind*, London : Basic Blackwell.

Handy, C. (1976) *Understanding Organisations*, Harmondsworth : Penguin.

Harrison, R. (1970) *What Kind of Organisation?* London : Development Research Associates.

Higgs, M. and Rowland, D. (2000) 'Building Change Leadership

Capability : The Quest for Change Competance', *Journal of Change Management*, 1 (2), 116-131.

Higgs, M. and Rowland, D. (2001) 'Developing change leaders', *Journal of Change Management*, 2 (1), 47-66

Hofstede, G. (1998) *Cultures Consequences*, Harmondsworth : Penguin.

Jacobs, R.W. (1994) *Real Time Strategic Change*, San Francisco : Berrett-Koehler.

Kaplan, R.S. and Norton, D.P. (1996) *The Balanced Scorecard : Turning Strategy into Action*, Boston : Harvard Business School Press.

Kay, J. (1993) *Foundations of Corporate Success*, Oxford : Oxford University Press.

Manzoni, M. (2000) Paper Presented to E-HR 2000 Conference, London, 25-28 September 2000.

Markides, C. (2000) *All the Right Moves : A Guide to Crafting Breakthrough Strategy*, Boston : Harvard Business School Press.

Martin, J. (1995) *The Great Transition*, New York : American Management Association.

McGrath, R.G. and McMillan, I.C. (2000)' *The Entrepreneurial Mindset*, Boston : Harbard Business School Press.

Meyerson, D.E. (2001) 'Radical Change, the quiet way', *Harvard Business Review*, 79 (10) 125-132.

Neumann, J.E. Holti, R. and Standing, H. (1995) *Changing Everything at Once*, London : Tavistock Institute.

Norlton, G. (1998) 'Creating an opportunity for Positive change', MBA Dissertation, Henley Management College, Henley-on-Thames.

Ohmae, H. (1987) *Mobilizing Invisible Assets*, Cambridge : Harvard University Press.

Pfeffer, J. (1998) *The Human Equation*, Boston : Harvard Business School Press.

Porter, M. (1985) *Competitive Advantage*, New York : Free Press.

Pressmanm, J.L. and Wildavsky, A. (1973) *Implementation*, Los Angeles : University of California Press.

Quinn, J.B. (1992) *The Intelligent Enterprise*, New York : Free Press.

Quinn Mills, D. (1991) *The Cluster Organization*, New York : John Wiley & Sons.

Rubinstein, M.F. and Firstenberg, I.R. (1999) *The Minding Organization*, New York : John Wiley & Sons.

Schein, F. (1992) *Organization Culture and Leadership*, San Francisco : Jossey-Bass.

Stalk, G and Hout, J.M. (1990) *Competing Against Rime*, New York : Free Press.

Thornbury, J. (1999) 'KPMG ; Revitalising culture through values', *Business Strategy Review*, 10 (4), 1-15.

Tichy, N. and Sherman, S. (1995) *Control Your Destiny*, London : Harper Collins.

Vince, R. (1996) *Managing Change*, Bristol : Policy Press.

| 찾아보기 |

ㅅ

ㅇ

ㅈ

Q

R

S

T

V

| 역자소개 |

김정원 교수는 미국 University of Wisconsin(UWRF)에서 경영학을 전공하고 University of Wisconsin, Stout대학원에서 Management Technology를 전공하여 석사학위를 받았으며, Oklahoma State University에서 조직행동론 분야를 전공하여 박사학위를 취득하였다. 현재는 강원대학교 경영대학 교수로서 학부 및 대학원에서 조직행동론, 조직개발론 및 경영학원론 등의 강의를 담당하고 있다.

최근에 International Journal of Human Resource Management, International Journal of Public Sector Management와 Asia Pacific Business Review 등의 국제학술지와 『인사관리연구』, 『인사·조직연구』 등의 국내학회지에 다수의 논문을 발표하였으며, 현재 '리더십', '조직행동' 및 '경영학원론' 분야와 관련된 7편의 저·역서를 출간하였다.

서재현 교수는 고려대학교를 거처 뉴욕주립대학(알바니)에서 석사, 조지아 주립대학에서 박사 학위를 취득했다. 대구대학교 교수를 거처 현재는 경기대학교 경영학부에 근무하고 있다. 관심을 갖고 연구하는 분야는 조직몰입, POS, 조직신뢰, 공정성 등으로 국내외에 다수의 연구논문을 발표하고 있다.

권종욱 교수는 영남대학교에서 무역학을 전공하고 미국 Kent 주립대에서 MBA를 수료하였으며, 고려대학교 대학원에서 국제경영학 분야를 전공하여 경영학 석사와 박사학위를 취득하였다. 현재는 강원대학교 경영대학 교수로서 학부 및 대학원에서 국제경영론, 국제인사론, 비교경영론 등의 강의를 담당하고 있다.

최근에 『국제경영연구』, 『국제통상연구』 등의 국내학회지에 다수의 논문을 발표하였으며, 현재 '국제경영'과 '비교경영'분야에 관련된 다수의 저서를 출간하였다.

변화관리 실행지침: 진단 · 설계 · 실행

발행일 2006년 7월 1일 초판 1쇄

지은이 김정원 | 서재현 | 권종욱

발행처 **한경사**

등 록 제10-1951호 2004년 4월 14일

주 소 서울시 마포구 신수동 85-19 201호

전 화 02_717_7264/5

팩 스 02_717_7226

홈페이지 hankyungsa.co.kr

이메일 hankyungsa@hanmail.net

ISBN 89-89269-76-8

가격 13,000원